AF465233

DE LA IVSTICE ET DE LA PAIX,

DE L'INIVSTICE ET DE LA GVERRE;

LES MISERES ET FIN LVCTVEVSE des guerres Ciuiles & Estrangeres; Et qu'il n'y a rien au monde si desirable que la Paix.

A PARIS,

Chez LOVYS BOVLENGER, ruë Sainct Iacques, à l'Image S. Louys. prés le College du Plessis.

M. DC. XXII.

AV ROY:

IRE,

Toutes les vertus par lesquelles le Prince peut & doit establir son regne, garder & conseruer ses subjets, découlent & deriuent d'vne seule principale, se referent, & prennent leur source de la Iustice, qui est la sapience par laquelle les Roys regnent, iugēt la terre, dissipent les meschans, & font tourner la rouë sur eux : qui consiste à rendre à vn chacun ce qui luy appartient.

Parmy les Medes, Dejores homme sage, qui donne commencemēt à leur Empire & Monarchie, (y ayant lors toute licence & abandon au pays) pour auoir rēdu Iustice à ceux de son Bourg, & s'estre porté droict & équitable en ses iugemens, acquiert telle reputatiō, que ceux des autres Bourgs circonuoisins viennent à luy pour le mesme sujet, & en suitte, est vnanimement nommé & recogneu pour Roy par tout le peuple des

Medes. En l'inuestiture du Duc de Carinthie, on demãde à ceux qui l'accompagnent s'il est Iuge, s'il cherche le salut du pays; s'il est de franche condition, digne d'honneur, & obseruateur de la Religion.

Il est prophetisé d'Ezechiel, ou plustost du Sauueur, qu'vn Roy regnera en Iustice, qui sera la retraicte pour la tempeste, le lieu où on se cache du vent, & comme l'ombre d'vn gros rocher en la terre deserte. Dieu mesme, pour apprendre aux Rois & Princes de la terre de ne rien iuger qu'en équité, appelle tous hommes en iugement, comme vn homme qui est prest de rendre raison de ses œuures deuant vn Iuge. Il commande au Roy de Iuda, à ses seruiteurs, à son peuple, qu'ils facent Iustice s'ils veulent prosperer: Salomon qui sçait qu'il est estably à ceste fin, ne demande à Dieu qu'vn cœur entendu pour iuger son peuple, cognoistre & discerner le bien d'entre le mal. Dauid dés le matin luy addresse sa priere, afin qu'il ordonne ses pas, & le conduise en sa Iustice. Dit, qu'ayant les iugemens du Dieu fort, il iugera les pauures, fera droit au chetif & miserable contre l'oppresseur; Qu'il hayra les actes des desbauchez, que rien ne s'en attachera à luy, & que de bonne heure il retranchera de la Cité de l'Eternel, de sa maison, tous ceux qui proferent mensonges, qui vsent de fraude, de mesdisance, de fallace, & generallement tous ouuriers d'iniquité. Puis adiouste, qu'il n'aura pour compagnie, ny pres de soy que des gens de bien qui aiment le Tout-puissant, & gardent ses commandemens. Ainsi le Roy Charles VIII. (qui non moins que l'Empereur Tite a esté appellé l'amour, le delice des hommes) disoit ordinairement à ses plus familiers: & en nos derniers iours, vn de nos derniers Princes du Sang (qui nous a laissé vn digne rejetton) tenoit le mesme langage, qu'ils vouloient que leur maison seruist de miroir à tous hommes pour les conduire en vne vie bien ordonnee: Enquoy ils iugent leur exẽple la plus courte voye, l'vn pour maintenir ses subjets, l'autre ses domestiques en leur deuoir.

Les Rois de Perse (bien qu'esloignez de la cognoissance de Dieu) ont vn de leurs Chambelans destiné à cét office, de leur venir dire tous les matins, qu'ils se leuent, & pouruoient aux affaires ausquelles Mesoromasdes (c'est à dire le grand Dieu) les a ordonnez. Aussi est-ce la gloire du Prince de sonder les affaires, & de s'enquerir de la parole, pour faire distribuer à vn chacun selon qu'il fait bien ou mal. Auoir à ceste fin le linre de la Loy, y lire tous les iours, & la faire exactement obseruer ; à ce que iugeant en équité, son throsne soit estably à tousiours. Moyse, conducteur d'Israël escrit toutes les paroles de l'Eternel, puis aussi tost prend le liure de l'Alliance & le list au peuple.

Par là, nous apprenons que la Iustice est la fin de la Loy; la Loy, l'œuure du Prince ; & le Prince, l'Image de Dieu qui tout regit. De sorte que Iupiter mesme ne peut bien commander sans la Iustice, qui est vne vierge non violée ny contaminée, tousiours logée auec honte, pudicité, simplicité; vne ville forte, imprenable de laquelle les Citoyẽs sont bien heureux; dont le larcin, l'outrage, l'auarice, l'vsure & tels autres vices sont exilez & bannis. Elle est immortelle, elle exalte les peuples, & son iugement est plus plaisant à Dieu que le sacrifice, & chose plus requise que l'or.

Entre les hommes par vne saincte harmonie & salutaire appareil, elle produit diuers effects. Par sa Loy, par ses ordõnances, elle rappelle celuy, qui par vn mauuais guide, est conduit & destourné en vn mauuais chemin. S'il n'obeït à ceste voix, le iugemẽt (ministre de la Loy) luy met la main sus, l'arreste par la crainte du dommage & de la peine. S'il eschappe du supplice, l'apprehenction le saisit, bourelle sa conscience, luy monstre son crime,& fait voir la fin luctueuse de semblables forfaits. Ou par le contraire elle asseure tellement les bons, qu'ils ne craignent rien au milieu des perils preparez & amassez contre eux par la calõnie, quand bien ils seroient comme reduits en la valée d'ombre de mort.

Lycurgue qui a ainsi appris, que la Iustice d'vn costé est composee de la Loy escrite, qui empesche le mal; & de l'autre d'asseurance, & de la Loy non escrite, sinon au cœur qui addresse & porte au bien, ne veut qu'il y ait aucunes de ses Loix mises par escrit: dit, pour rendre vne Cité heureuse, qu'elles doiuent estre empreintes par la nourriture és cœurs & és mœurs des hommes, pour y demeurer a iamais immuables, & que le ply qu'ils prennent par institution dés leur premiere enfance, fait aisément qu'vn chacun se sert de Loy à soy-mesme: Car aussi cessant, que Dieu met, imprime & engraue sa Loy en nos cœurs, nous serions pour iamais perdus & esgarez en nos voyes.

Auec ce, pour sçauoir commẽt la Iustice peut estre rẽduë & exercée dignemẽt. Esaye voulant descrire l'accoustrement du Seigneur, luy dõne la Iustice pour ceinture, qui luy est mise au milieu du corps. C'est ceste

Astrée, qui volant au Ciel, se met entre le lyon & la balance, pour auoir d'vne part la force, & de l'autre, peser sans acception les droicts & crimes d'vn chacun. Elle est peinte la teste dans les Cieux, aduisant à Dieu seul, qui auec ses Anges (selon que disent les Hebrieux) preside aux iugemens: Encores aujourd'huy, il est remarqué qu'en Ethiopie les Iuges se mettent aux bas sieges, & laissent les hauts vuides, asseurez que ce sont les places des Anges de Dieu. Moyse & Iosué, ordonnent des Iuges en chacune Cité, pour iuger, non au nom des hommes, mais au nom de Dieu; qui assiste en l'assemblée, & iuge au milieu des Dieux. C'est de son œuure que les Rois, les Iuges font iustice, & que le glaiue leur est mis entre mains, afin que comme ses Ministres, ils seruent à son ire, & prennent vengeance des meschans.

Les Rois qui desirent estre grands & puissans font Iustice & iugement: Iustice, en deliurant les opprimez par force de sa main du puissant, du calõniateur, & ne permettãt que l'estranger, la veufue, l'orphelin, l'innocent soient affligez & reçoiuent aucun tort; Iugement quand ils resistent à la fureur des meschans, & repriment leurs audaces & violences. Pourtant le plus iuste d'eux, non le plus fort, ſurpaſſe les autres en excellence, grandeur & Majeſté, veu que là où regne la Iuſtice ; la force, la grande puiſſance ſont inutiles & ne ſeruent de rien.

Vn Payen dit, que les hommes ont trois differentes affections enuers les Dieux : Qu'ils les eſtiment bien-heureux ; les craignent & les honorent ; Bien-heureux pour l'eternité & immortalité de leur eſſence, les craignent & redoutent pour leur toute-puiſſance, & les adorent pour leur iuſtice : par laquelle la vie de ceux qui ſont colloquez en quelque haut degré de puiſſance & authorité, eſt renduë diuine & celeſte. La demeure & maiſon des Rois de Iuda, & le porche de iugement ſont baſties pres du Temple de Salomon, pour les admoneſter de faire Iuſtice ; Ageſilaus, Roy Ethnique, comme il va par les champs, loge touſiours dans les plus ſaincts Temples des Dieux, afin qu'ils ſoient meſmes teſmoins de ce qu'il fait en priué : Et Philippe le Tetrarche en quelque lieu qu'il ſe trouue par voye, ſi aucun luy demande Iuſtice, fait incontinẽt poſer ſa chaire, donne audiance, punit les meſchans, & renuoye abſous ceux qui ſont calomnieuſement accuſez. L'abomination eſt grande deuant les Rois, de cõmettre iniquité, deuant eux, dis-je, qui doiuent engrauer de graueure de cachet sur la lame de leur Tiare (*La Saincteté à l'Eternel*) separer l'escume d'auec l'or, oster le peruers, & faire droit à vn chacun, afin d'estre sanctifiez, confirmer leur throsne, que Dieu regne en eux, & qu'ils puissent aussi regner eternellement en paix.

Finalement pour iuger en Iustice, les iugemẽs des Rois sur les differends de leurs subjets, doiuẽt estre dõnez sans faueur, non contraires les vns aux autres : ains les cas sẽblables tousiours decidez d'vne mesme sorte, & leur volonté en ce faict immuable, cõme l'est celle des Loix bien ordonnées.

Que si plus particulierement on veut en peu de paroles exprimer l'harmonie qui est en la Iustice, il ne faut qu'emprunter d'Homere la description qu'il fait de ce celebre Barreau, où à l'entour d'vn Auditoire (vn grand peuple amassé) deux hommes plaidẽt l'vn cõtre l'autre pour la reparatiõ d'vn homicide : L'vn qui soustient l'auoir payée, l'autre qui dit qu'il ne l'a reçeuë ; Chacun là dessus ameine des preuues, des tesmoins, & auec bruit & murmure, le peuple là assemblé fauorise les vns à l'vn, les autres à l'autre. Les Huissiers en ce tumulte empeschent le desordre : & des vieillards venerables, assis sur des bancs sacrez, qui commandent que tous facent silence, disent leur aduis par bon ordre, & ont au milieu d'eux vn talent d'or, qui doit estre le guerdon de celuy qui dit plus iustement; Or, symbole d'honneur & de vertu, tres-digne recompense à ceux qui en sont enrichis: que l'Oracle d'Apollon conseille aux Lydiens de pendre aux oreilles de leurs enfans, duquel Platon dit, que plusieurs filets & rongneures s'en trouuent ès generatiõs des gens excellens, qui estiment illicite & indigne d'en soüiller la possession par le meslange de l'or mortel. Or, pour mieux dire, qui croist au haut du Ciel, non en ceste valée de larmes, sur lequel les gens de bien posent vn pied de leur compas, & le tournent par bon ordre sur les actions de ce monde, pour finir vn cercle admirable au mesme lieu où ils l'ont commencé, c'est à dire au Ciel, siege de la Diuinité, où paruiennent tous ceux dont les actions sont pures comme l'or, & l'argent affiné au fourneau de terre, qui est épuré par sept fois.

La ville où est ce Barreau, est vne ville de retraicte de gẽs de vertu, ville descrite pour ceste occasion remplie de paix & tranquilité, où il n'y a que festins & banquets, & autres marques de gayeté & plein repos, en laquelle la Iustice & la paix s'entrebaisent, &

où regne nostre Melchisedech Roy de Salem, de Iustice & de paix: Nom qui est aussi donné à la Ierusalem de Dieu. Ce que les Poëtes nous representent en quelque façon par ce Caducée de Mercure, pris par tous les anciens pour symbole de iustice & de paix. Ainsi s'il se peut (entant qu'en nous est) viuons iustement pour auoir paix auec tous, & que la paix de Dieu, à laquelle nous sommes appellez en vn corps gouuerné en nos cœurs; veu que sans elle toute richesse n'est que pauureté; toute liesse, que deüil, toute vie, que mort.

L'vnique moyen de l'obtenir est, de chêminer és ordonnances de Dieu, qui la baille à ceux qui le seruent & luy obeïssent. Toutes les Loix de Numa (bien que Roy infidelle) ne tendent qu'à la paix, de laquelle il n'a moins de soin que de son Royaume. Phocion l'a tousiours pour but de son gouuernemẽt: Tel a esté celuy du deffunct Roy Henry le Grand, qui aussi par sa grande prudence & tres digne conduitte l'a donnée à ses peuples: Comme en effect il n'y a rien si beau que le repos, & vaut beaucoup mieux vaincre les Arcadiens par prudence que par force.

Les guerres ne sont admises que pour reprimer la violence de ceux qui veulent troubler le repos public: & sont justes seulement si faites pour auoir la paix. D'où s'ensuit, si ceux qui la pourchassent par ceste voye ne la rendent ferme, que ce leur est vn mesme de demeurer vaincus que victorieux.

Pour l'establir & la rendre durable, il n'est besoin d'ordonner des peines cruelles, ny de faire des Edicts rigoureux, qui apportent plus de ruyne, que d'amendement à la vie des hommes. Il suffit d'empescher que la ieunesse ne soit desbauchée & ardente en ses appetits déreglez; la tirant de la feneantise, des débauches & voluptez c'est vn des moyens d'asseurer la concorde & la paix en vn Estat. Les Romains bastissent le Temple dedié à la Deesse du repos, sur la voye Lauicaue, hors de la porte Coline, & enceinte de leurs murailles, pour denoter qu'ils en bannissent l'oisiueté, & la rejettét au dehors à leurs aduersaires.

Vn autre moyen de paix (Sire) est de punir les meschans, & recompenser les bős: Le loyer au merite, la peine au démerite, estant selon le monde la base & fondement de la paix des Royaumes: Là où on ne met point de difference entre les vertueux & vicieux, là les honnestes exercices se perdét, comme occupatiős destituées d'honneurs;

la vraye Iustice n'y est point, tels Estats panchent incontinent à leur ruine.

Sire, le courage s'augmẽte & n'y a chose que les hommes n'osent entreprendre, lors qu'aux plus grands efforts & perils on propose des rescompences condignes. Le Marchand passe & trauerse les mers au grãd peril de sa vie, sous espoir que sa nauigation luy sera profitable; le malade souffre qu'on le couppe & cauterise, endure la faim, la soif & tout ce qui naturellement est le plus fascheux, pour puis apres auoir plus de repos: & tous ceux qui esperent l'immortalité bien-heureuse, en bien faisant, trauaillent (quoy qu'en miseres) auec ioye pour paruenir à ceste felicité. En ostant l'esperance du bien à venir, on oste l'affection de bien faire, & la patience de supporter les maux. Le Samien muet (enflambé d'ire) recouurira plustost la parole, que de se laisser frustrer du prix, honneur & loyer qui luy est deub pour sa victoire. Ainsi, Sire, pesez d'vne iuste balence les deportemens de vos subjets & seruiteurs, & leur distribuez les graces comme les peines.

Les Rois ne doiuent point estre cõme ces Idoles, dont parle le Psalmiste, qui ont des yeux, des oreilles, des bouches, & ne voyẽt, n'oyẽt, & ne parlẽt point; Eux-mesmes doiuent voir, ouïr & recognoistre leurs serui-teurs: Car cõme le seruice qui est rendu à vn Roy depẽd seulemẽt de ceux qui le seruent; aussi de luy seul doit depẽdre leur loyer. S'il est iuste & égal distributeur, il ne permettra iamais que les vns labourent les champs, & que les autres en recueillent les fruicts. Les Mariniers qui seruent à la nauigation viuẽt des prouisions du nauire aussi bien que le Pilote qui conduit seul la barque. Les peres en tout temps font amas pour leurs enfans: La richesse du Prince doit estre en la bource & affection de ses subjets.

Ce qui est encore necessaire pour la paix, seroit d'ordonner l'estat dés maisons, & limiter leurs despẽces à l'esgard de leur qualité & de leurs biens: A ce que les Princes ne tai[illegible]nt des Rois, les Gentils-hommes ne facent les Princes; que les Marchands & roturiers ne se mesurent aux Nobles, & les valets ne se familiarisent par trop auec leurs maistres: car par telles confusions, la distinction des ordres, qui est l'vne des principales choses dont se maintiennent les Estats, se corrompt & abatardit. A ceste fin il faut oster, du moins retrancher au peuple la conuoitise de l'or & de l'argent, qui (se tournant en vsage) est la matiere de tous vices, & le plus grand mal de tous les maux. Quand toutes choses sont corrompuës par argent, il n'y a point de paix, ny de Magistrat qui commande, & auquel on obeyt : Les gens de bien, malgré eux, sont contraints de laisser aller tout à l'abandon.

L'auarice & la superfluité, (quoy que vices bien differés) sont deux pernicieuses pestes, qui ont ruyné de fond en comble les plus puissants Empires de la terre. Nous sommes pris par les thresors que nous entassons, plustost que nous ne les prenons. Les Images des Dieux Romains, formez de terre cuitte, laissez en leur place (à leur estime) leur sont plus propices & fauorables, que les Tableaus exquis de Syracuse, ny que toutes les decorations de Corinthe & d'Athenes apportées à Rome, là où il n'y a point de superfluité, de luxe & d'auarice à refrener, il n'y a point de crainte, & ne faut point de loix là-dessus. Les conuoitises ont precedé les loix qui les reforment. La loy de Cincie, des Dons & presens, n'est introduite que lors que le menu peuple commence d'estre taillable & tributaire au Senat. Celle de Licinius, qui deffend de posseder plus de cinq cens iournaux, est faite pour empescher l'auarice, le desordonné appetit qu'vn chacun a d'annexer vn heritage auec vn autre. Et la Loy des Commandemens de Dieu,

Dieu, toutes les Loix morales, ne sont ordonnées qu'à mesmes fins.

En vn mot, les richesses, la ieunesse, la solitude & la liberté, sont quatre pestes qui empoisonnent le Prince, remplissent d'ordure la Republique, qui tuent les viuans, & infament les morts.

Si on regarde de pres, par quels moyens humains, les grãds personnages se sont esleuez : & quelles choses ont augmẽté le nombre des plus grands chefs parmy diuers peuples : Au contraire, d'où vient que plusieurs grands Royaumes & Estats sont tombez en decadence : il n'y en a autre raison, sinon que les richesses ont esté mesprisees par les vainqueurs, desirées par les vaincus.

Hydaspes, qui remet en son obeïssance la ville de Philæ, & la mine des Esmeraudes, pour lesquelles il a fait la guerre au Roy des Perses (encor qu'il peut aisément enuahir auec vne grande armée vne partie de l'Egypte) il ne fait point, comme d'ordinaire font les autres conquerans, seruir à son auarice l'heureuse issuë qu'il a de ceste guerre, pour estendre par sa victoire les limites de son Empire. Il se contente des bornes que la nature a mises, qui diuisent l'Egypte d'auec l'Ethiopie, par les cataractes & precipices du Nil. Les Sabees ont esté en perpetuelle felicité, pour n'auoir iamais entrepris d'vsurper les biens d'autruy par ambition ou auarice.

Pour maintenir les Royaumes, les Arts & la paix, qui sont cachez sous l'Oliue, l'emportent sous l'inconstante puissance qui establit son Empire parmy les orages. Neptune a beau debattre auec Minerue pour le nom de la ville d'Athenes, le laurier est donné au repos, contre les troubles & seditieuses émotions de ce Dieu marin. Ce qui est dit, pour nous apprendre que le Ciel donne la paix, pour la grandeur & establissement asseuré des Sceptres & Couronnes, qui ne reçoiuent accroissement par les bras de Mars, qu'entãt que l'ambition des hommes en abuse.

Mais sur tout, pour auoir toutes sortes de paix, nous deuons rechercher la paix de Dieu, qui surmonte tout entendement; laquelle les ames fideles possedent au milieu des plus grands desordres, guerres & confusions: Paix qui n'est point selon que le monde la donne ? parce qu'il ne cognoist point la paix de Dieu. Paix, qui appaise son ire, nous couure & met à l'abry de ses iustes iugemens; Paix, qui par diuers combats contre le Prince des tenebres, le monde, la chair & nos propres cõuoitiſes, nous rẽd en fin plus que vainqueurs par celuy qu'il a reſſuſcité d'entre les morts, au nom duquel il faut que tout genoüil ploye pour eſtre ſauué : Paix que nous obtenons par le ſacrifice de la Croix, quand par vne ſerieuſe repentance, & vraie obeïſſance de foy, il deſploie & verſe ſur nous ſes miſericordes & compaſſiõs infinies, & nous a pour agreables en ſon biẽ-aimé, auquel il prẽd ſon bon plaiſir.

MAis, Sire, comme par la Iuſtice nous auons la paix, & viuons en paix auec nos prochains : à l'oppoſite où regne l'injuſtice, on ne peut attendre que la miſere de la guerre, toutes ſortes de calamitez & de maux: tant ce fleau, qui vient de la main du Dieu des Armees, nous enuironne d'armes, de ſang, d'effroy, de larmes, de tumultes & de fureur. Au temps des Iuges, ainſi que ſe portent les pechez & injuſtices d'Iſraël (ſelon les miſericordes ou la Iuſtice de Dieu) viennent l'vn apres l'autre, la proſperité & aduerſité des guerres. Ieruſalem eſt deſtruicte par guerre, ſelon la prediction d'Ezechiel, pour auoir changé les iugements de Dieu, & iugé contre ſes ſtatuts : voire tellement deſtruicte, que ſa miſere, ſon ſac & maſſacre ſont lamentables à tous. Dieu auparauant menace son peuple de faire venir sur luy le glaiue vengeur de son alliance, & luy enuoier trouble, malediction, dissipation : mesmes de le faire tresbucher, & aussi ses villes deuant ses ennemis, s'il ne fait Iustice, & suit ses commandemens. Il se plaint en l'Ecclesiaste, qu'il a veu sous le Soleil le lieu de iugement, où regne la meschanceté, & le lict de Iustice, où preside l'injustice.

Pour ceste cause, il liure les enfans d'Israël entre les mains de Cusan Rasathaim, les fait affliger par Eglon Roy de Moab, par les Madianites, & par les Philistins : Il les baille en la main de Iaban, les fait battre & fuir iusques en Seir deuant l'Amorrhéen. Mille s'enfuient à la menace d'vn, & cinq les poursuiuent iusques à ce qu'ils soient delaissez comme vn arbre tout esbranché au sommet d'vne montagne, & comme vne banderolle sur vn costeau.

Au cõtraire, toutes fois & quãtes qu'ils sõt retournez à luy, luy ont esté obeissans, & cheminé en ses sentiers, en sa Iustice ; ils ne sont point sortis en haste, ny marché en fuyant, l'Eternel leur Dieu a esté leur auant & arriere-garde, il a combattu pour eux, a esté leur crainte & frayeur contre tous leurs ennemis. Il defait par son Ange cent quatre-vingt mille hommes de l'Ost des Assyriens : par vn seul Samson il met en fuitte les Philistins. Et par Sçangar frappe six cens de leurs hommes auec vne gaule à bœufs, & deliure Israël de leurs mains.

Ce n'est point par glaiue, lance, ny espée que Dieu garantit. Le Roy n'est point sauué par grande & puissante armée, ny le puissant n'eschappe point par sa grande force; Le cheual faut à sauuer, & ne deliure aucun par sa vitesse & addresse : Dieu seul est nostre deliurãce, & preserue l'ame de la mort. Il abbat la hautesse d'Assur, rompt les guerres & batailles par sa vertu : & par son ire froisse la multitude, coupe & brise les arcs, brusle par feu les chariots, dissipe le conseil des nations, & met à neant les entreprises des peuples. Aussi est-ce le Seigneur des batailles, grand entre les gens par toute la terre.

Dauid, en son nom, vient contre Goliath auec vne simple fonde, le combat d'vne pierre, & le met par terre. Il saute sur la muraille en l'asseurance de son Dieu, & en sa vertu, rompt les bandes de ses ennemis, les poursuit, les atteint & deffait, sans qu'ils se puissent releuer. Le fort, qui luy est pour gloire, bouclier & salut, dresse ses mains aux armes, le ceint de vertu belliqueuse, & fait qu'ils luy tournent le dos.

On a beau ſe leuer matin pour garder la Cité, tout trauail que l'homme y apporte eſt vain, ſi Dieu n'en eſt la garde. Si on n'obeit entieremẽt à l'Oracle, & qu'on ſe contente de faire le tour de la ville de Sardis, ſans ſe ſoucier de celuy de la fortereſſe, qu'on croit imprenable & inacceſſible, à cauſe de ſa roideur & hauteur; on eſt pris & ſurpris par là par ſon ennemy, qui eſt comme vn lyon rugiſſant, qui circuit tout à l'entour d'vn chacun pour le deuorer. Il ne luy faut qu'vn limaçon, qui rampe entre les pierres, qu'vne creuaſſe pour entree, à ce qu'il ſe ſaiſiſſe de nous. Choſe qui luy eſt facile, ſi nous ne faiſons en toutes nos cachetes vne reueuë exacte de moment en moment, & qu'vn repentir, vne ſyndereſſe de nos deffauts & pechez, n'appelle Dieu inceſſamment à noſtre ſecours.

Sans beliers, ny inſtruments de guerre, il met bas l'enceinte des murailles de Hiericho, & auec trois cens hommes ſous la conduitte de Gedeon, ſauue ſon peuple de la main des Madianites; l'vn & l'autre pour nous apprendre derechef que la deliurance ne giſt point en nombre & en force de gens robuſtes & que le vray & vnique moyen de vaincre les Amalechites, rompre & mettre en fuitte nos ennemis eſt, d'auoir Dieu pour nous, de s'appuyer sur luy, & que nos mains sans cesser soient esleuées au Ciel en le priãt: Que nous bastissions d'vne main Ierusalem, & tenions les armes de l'autre. Les anciens Romains, durant les guerres, ornent leurs Temples de deuotiõs: & pour n'attirer l'ire des Dieux, ils n'ostent rien aux vainqueurs que le moyen de faire du mal.

Aujourd'huy, c'est tout le rebours: Ie le dis à la hõte des Chrestiẽs, desquels toutes les guerres ne sont que pour sacager le pauure peuple innocent, quãd on ne peut auoir raison des ennemis coulpables; & où la plus grande vertu des Soldats, est de viure à discretion; & de ceux qui les commandent, d'endurer tout ce qu'ils font, & feindre de ne le voir pas, ores que souuent ils prophanent les choses sainctes & sacrées, & auec mille sortes de cruautez [illegible]agent, rompẽt, pillent, tuent & rançounent leurs hostes & hostesses, & autres hommes & femmes qu'ils peuuent attrapper. Ce qui fait qu'aux moindres émotions & bruicts de gendarmes, vn chacun tremble, court qui ça, qui là, ne s'asseure en aucun lieu, & mesure sans fin les dangers à l'égal de sa crainte.

Les femmes s'affligent, haussent les mains jointes au Ciel, craignent d'estre violees, plaignent leurs maris, leurs enfans, s'espouuentent de tout, & tout à fait se defient de leur salut, comme de celuy du public: En quoy elles ont vne iuste apprehention; car veritablement rien ne flechit le Soldat: Les enfans à la mammelle, les pleurs des orphelins, ny toutes autres pitiez n'empeschent point son inhumanité.

Il y a de pis (qui est le plus lugubre) les prises de ville; où le veufage, le violement, l'incendie, la pauureté, la captiuité est la portion qui demeure aux habitans. Là les femmes s'espandẽt par les Temples & maisons; on y veoit & oit de toutes parts vn bruiant esclat, vn son confus de voix lamentables vnies ensemble; les vns fuyent & ne sçauent où, les autres se tiennent & arrestent à embrasser leurs parens pour la derniere fois; les enfans, les femmes pleurent, & les vieillards par vne mauuaise destinée ont esté sauuez iusques au iour de telle desolation. Alors on pille & saccage, ceux qui emportent la proye y retournẽt & courent de toutes parts: là sont emmenez les Citoiens enchaisnez deuant celuy qui a pillé & saccagé leurs maisons; Et si en quelque sorte le gain & pillage est trop grand, les vainqueurs s'y entretuent: Maux qui sont sans remede, & que nul ne peut repousser ny esteindre, d'autant que la fleche est tiree d'vn puissant archer, que c'est le fort qui enuoie l'affliction, & que le feu part de son courroux pour l'iniquité, paillardises, & fornications des peuples.

Et bien que Dieu, qui n'authorise telles meschancetez, permette par fois qu'aucuns de ceux qui les commettent soient apprehẽdez, toutes-fois il y en a mille pour vn qui demeurent impunis; dont les Chefs & Capitaines ne rendent autre raison, sinon qu'ils ont affaire d'hõmes; A quoy ie m'accorde, s'ils n'en demandoient que dẽ gens de bien: Mais tant s'en faut qu'ils en desirẽt & cherchent de tels, que la plus part d'eux viuent encor plus licentieusement au mal, tant il y a peu de conducteurs gens de bien, qui sçachent mesmes commander, moins conseiller & combattre auec resolution, là, où, quand, & comme il faut.

De fait, où sont maintenant ces grands Capitaines & Chefs d'armees qu'on suiue & serue pour leur estime & renommée, Qui comme vn Alexandre, vn Cæsar, vn Hector, vn Charlemagne, vn Henry le Grand, vn Scanderberg, vn Prince d'Orange, vn Spinola, & tant d'autres grands Capitaines des siecles passez, soient la terreur de leurs ennemis, l'asseurãce des leurs, & dõt on craint seulemēt le nom & la reputation: Qui sans flatter, ny se rendre esclaues d'aucuns, honorent les vieux gendarmes cōme maistres, aiment les ieunes comme freres au fait de guerre; remonstrent à tous ce qu'il leur conuient faire, pour les ramener à vne sobrieté militaire: & ont le premier lieu en toutes choses, non par force ou flatteries, mais par vertu. Qui selon leurs merites, loüent les vns, chastient les autres: Commandement aux moindres modestemēt; prient les plus grands auec courtoisie, & soient respectueux à ceux qu'il le faut. Qui n'apprehendent rien pour eux, ne peuuent auoir trop d'ennemis en teste, & estre assez tost à la meslée, Qui s'enquiérent plustost où sont les ennemis, que combien ils sont; Qui au combat s'addressent aux plus redoutez, & comme les Aigles noirs fondent & s'eslancent contre ceux qui soustiennent le plus grand choc; Qui esjouys de la guerre, plustost que d'vn banquet, ne sont iamais blessez que par deuant, & que la frayeur ne peut espouuenter; Qui ont ceste habitude, de combattre iusques à la victoire, ou à la mort: Et quoy que vaincus par la multitude, vainquent & surmontent leurs ennemis en vertu. Qui en effect portent tout le fort de la bataille, où pour

 234

mettre le feu dans les nauires des Grecs, ou bien pour le repousser : & s'entrechoquent viuement l'vn l'autre, (comme les vents d'Est, & d'Autum) à qui demeurera le victorieux. Qui vient de conseil, d'experience & de force aux entreprises douteuses & hazardeuses ; sont prompts & diligents és affaires pressees : hardis & aduisez parmy les hazards & dãgers ; qu'aucun trauail ne peut lasser, ny leur vaincre le cœur : De qui le manger & boire est mesuré du desir & appetit naturel, non de la volupté. Qui se mocquet de la hauteur des Alpes : & à qui tous lieux, toutes montagues, quelques neiges, burons & cassines qu'elles ayent, sont faciles, accessibles & superables. La diligence, la fatigue, le courage & la victoire accompagnent l'Empereur Charlemagne en tous lieux : & rien ne rend tant redoutable Iules Cæsar, que ceste vitesse dont il accompagne tous ses grands & magnifiques faicts d'armes : Ainsi est digne d'admiration le grand cœur des Romains, qui auparauant ne s'estans iamais addonnez à la marine, s'y aduanturent auec telle hardiesse & promptitude, qu'ils ont plustost combattu contre les Carthaginois, qu'essayé les dangers de la mer. Aussi à dire vray, il faut auoir le bouclier de Minerue, auec l'eſpée de Mercure, & ſes talonnieres aiſlées, pour executer de grands exploicts.

Bref, où ſont ceux qui portent auec eux l'herbe Achemenide, qui fait fremir & trẽbler de peur leurs ennemis; qui comme les Neruiens, ſont pluſtoſt morts que vaincus: & qui meſmes en mourant recueillent leur generoſité, & reſiſtent à ceux qui les attaquent, iuſques à ce que comme vn feu, leur vie s'eſteigne & amortiſſe tout à fait, ſans qu'au combat, ny en mourant, il meure rien en eux que la crainte de la mort; Et qui faiſans la guerre en Candie, ſe peuuent transformer ès mœurs des Candiots, vſer de leurs ruſes, cautelles, ſurpriſes & embuſches à l'encontre d'eux-meſmes, & leur faire cognoiſtre que toutes leurs fineſſes ne sõt que jeux, à cõparaiſon de celles qui ſont inuẽtees par l'eſprit d'vn bon & experimenté Capitaine à faire la guerre à bon eſcient. Pour vray, tels Epigoniẽs (s'il y en a de tels) ſont des Phœnix en la terre.

Au lieu d'vn qui eſt valeureux, ſage & prudent; il s'en trouue mille, quand il eſt queſtion d'affronter l'ennemy, qui changent de couleur de minutte en minutte, & ont vn eſprit inquiete, ſans aucune contenance que d'hommes eſperdus: Qui ores ſur vn pied, ores ſur l'autre, chancellent de place en place, võt de biais, tournent le dos au bruit d'vne fueille, & dont les dents craquetent & leur cœur pantelle, pensans tousiours à la mort. Ou bien qui sans conseil & conduitte aucune, s'hazardent aux perils, & par des eslans de furie & violence, pensent arracher les Palmes des mains de la victoire, cõme si les triomphes suiuoient les temeraires, & que la temerité (outre qu'elle est folle, & fol celuy qui s'en aide) ne fust d'ordinaire compagne de tous mal-heurs. Le Dieu des Muses, non celuy des Batailles, combat, tuë & laisse estendu sur la place le serpent hydeux de Iunon, & opposez l'vn à l'autre, la Palme est donnee à Apollon, & les armes d'Achilles à Vlisses, au preiudice d'Ajax; La raison est, qu'il n'y a que les sages & prudents Capitaines qui se puissent dire courageux & vaillans. Les fols & temeraires peuuent bien, cõme le Herisson, se reuestir de pointes & sajettes pour se deffendre, mais non pas pour triompher de leurs ennemis.

AV regard des Soldats qui doiuẽt estre Anapestes, hommes & Citoiens de Sparte; chasser la peur, la fuitte, l'effusiõ de sãg & le massacre deuant eux; Sçauoir, que le bien cõbattre consiste au bon courage; à la crainte d'auoir honte, à obeïr à leurs

Capitaines,& leur faire bouclier au besoin, à peine de mort: Iurer courageusemẽt & ne permettre qu'aucune flesche des Parthes leur touche, que premier ils ne soient tous tuez, & n'ayent combattu iusques au dernier souspir pour les deffendre. Qui doiuent estre soldats de Marius : porter leurs armes & viures ; veiller, trauailler, endurer esgalement le froid & le chaud, la sueur & la poussiere ; dormir sur la dure, & supporter à mesme temps la faim, la soif, toutes sortes de fatigues ; diligenter & ne reculer vn seul pas pour l'ennemy: mais l'auancer & deuancer, pour choisir l'assiette du camp ; Qui doiuent garder leur rang, parler peu, frapper fort dru & menu sur les ennemis à l'abord,& perseuerer à combattre vaillamment; se vestir d'escarlatte, auoir deux espaules, non vne seule, pour entrer au combat; des mains, non des pieds pour leur demander secours, & ainsi par patience, obeïssance, constance & courage acquerir biens & hõneurs en la guerre: Combien est petit le nombre de ceux qui se rangent à ceste discipline : & qui pour vraye marque & image de leur vertu, facẽt monstre des haches, chenfreins, enseignes & autres dons militaires, dont ils ont estè honorez par leurs Capitaines: & ausquels il ne reste nulles parties de leurs corps, pour y receuoir de nouuelles blessures. Vn chariage de femmes eshontées, de braueries, & de valets inutiles (bons seulement pour dérober & faire du mal) sont à tous, où peu s'en faut, à la honte de ceux qui les commandent, leur confiance, leurs exercices & plaisirs : qui leur ostent toute la vertu publique, la discipline militaire, leur renom, la reputation.

Surena, qui deffait Crassus, quoy qu'il ait derriere soy vne longue queuë de delices & voluptez Parthiennes, ne laisse de se mocquer outrageusement & vilainement des mœurs & dissolutions Milesiaques des Romains, pour auoir trouué seulement dans le bagage de l'vn d'eux nõmé Rustius, les liures impudiques d'Aristides, ainsi intitulez.

Les armées eneruées de femmes d'or & de pourpre, sont plustost vne monstre & ostentation de richesses superfluës, vne proye, vn butin desia tout acquis, qu'vne armée de combattans. Minerue permet à Diomede de poursuiure & blesser Venus, s'il la rencontre aux batailles; Iupiter luy commande de ne s'y trouuer point, & de s'en absenter : & Iris, messagere des Dieux, l'en retire, quoy que sœur de Mars.

Les gens de guerre Ægyptiens portent en la marque de leurs armes la figure d'vn escarbot ; la simple paillardise leur est odieuse, tant s'en faut qu'ils approuuent le violemẽt, qui aujourd'huy se commet quasi en tous logemens de guerre, & sans remission aux villes & forteresses qui sont prises d'assaut. Vn Payen qui prend de force sur Tigranes la ville de Tigranocerta, garde l'honneur aux femmes. Et Dieu par sa Loy deffend en tels exploicts de les toucher & forfaire à leur honneur. La guerre a ses droicts, comme a la paix, qu'on doit garder auec autant de Iustice, que de vaillance.

Si tost que la jeunesse Romaine peut porter les armes, elle apprend la milice, par la fatigue & l'experience qu'elle fait dans le camp ; se plaist non à suyure les putains & l'iurongnerie, mais à auoir de belles armes, bons & beaux cheuaux de guerre : A dix-sept ans, elle commence à s'exercer & se trouuer aux batailles ; Aâge auquel Scipion & Caton combattent en la seconde guerre punique. L'exercice fait les Soldats, & l'addresse sert d'entretien à leur courage. Dans les armées, ceux qui sont desia duits & dressez aux combats, sont, apres Dieu, le plus souuent les instrumens de la victoire : com-

meau

me au contraire les Nouices & apprentifs sont les motifs de la confusion & du massacre. A telles gens aucun ennemy n'est redoutable, aucun lieu rude, ny aucun trauail estrange: Ils ne sont iamais craintifs à la guerre; lasches à la meslée, murmurans, mutins, ny tempestatifs à la paix. C'est à qui chargera le premier les ennemis, ou eschellera la muraille; leur plus grand cõbat tend à la gloire, & en cela consiste toutes leurs richesses, leur noblesse, leur honneur.

D'autre part, bien que les soldats se doiuent contenter de leurs soldes, & s'abstenir de piller & desrober; estimer & croire que ce leur est grand profit, que le pauure païsã, le laboureur ne reçoiue aucune perte: & que pour se conseruer la bõne conscience leur est du tout necessaire, puis que de la misericorde de Dieu, non du secours des hommes, depend l'euenement des guerres; Neantmoins en eux rien de tout cela; ce sont des enigmes, qu'ils n'entendent point. Ils ferment les yeux & les oreilles à ce que Moyse (proche de sa mort) dit aux enfans d'Israël: Que c'est Dieu qui passe deuant eux, pour destruire leurs ennemis, & dechasser de leur presence gens plus forts & robustes qu'eux, qui ne tomberont point en leurs mains par les exploicts de leurs armes, mais par sa grace speciale. Ainsi s'esjouyt en Dieu le Prophete Royal, & le celebre, de ce qu'il a pris sa cause & deffence, & que par sa force, ses ennemis sont tresbuchez & peris.

Il y a encor cét autre mal parmy les Capitaines & Soldats, auquel par fois communiquēt les Generaux d'armees; que le larcin leur est plus cher que l'honneur. S'il faut faire des leuées de gens de guerre en la Panonie; Ceux qui ont ceste commissiō, pour r'emplir leurs bources, piper & tromper l'esprit d'vn chacun par les yeux; remplissent leurs Compagnies & Regimens de goujats & racailles, de soldats Subitariens, & ce faisant, mesurent leurs forces, non par la qualité, par ceux qui lechent ou lappent l'eau dās leurs mains, sans se courber sur leurs genouïls: mais par le nombre des hommes, qui, imprudens qu'ils sont, ignorans le mestier de la guerre, feneants, craintifs, gens perdus & paresseux, sans honneur, & sans pouuoir endurer aucun trauail, sont tousiours les derniers au peril, les premiers à la fuitte, parce qu'ils n'ont l'espée de l'Eternel & de Gedeon auec eux.

Que si mesmes par vn iugement occulte, Dieu leur donne & liure en main leurs ennemis: Au lieu de les poursuiure à l'interdit, tant que leurs armes leur obtienne vne victoire entiere, & qu'il n'y en ait vn seul qui resiste au combat : Ils s'arrestent, tournent incontinent leur courage au pillage (se pillans leur honneur propre) & leur auarice qui leur fait eschapper la victoire ja toute acquise, les rend eux-mesmes la proye & carnage, les despoüilles & le trophée de ceux qu'ils croient auoir vaincus.

La Caualerie des Samnites est deffaicte, en cuidant piller le camp des Romains ; Pendant qu'ils encombrent leurs cheuaux de proye & sont apres le saccagement, ils sont pris, tuez & saccagez. Et les Bretons qui crient victoire contre Senere qui s'est mis en desarroy, sont au mesme instant déconfits par Lætus. Le desespoir donne du courage, & n'y a point de flèche plus aiguë ny plus forte en vn combat, que la necessité. Le fait de la guerre est douteux.

Quelques foibles mesprisables, & peu que soient les ennemis ; tous Capitaines & Soldats doiuent tousiours estre en crainte de tomber en quelque danger par leur faute. Quand on combat par dédain, ou qu'on mesprise son ennemy, on le rend plus vaillant, & souuent en telle rencontre le moindre nombre qui apprehende d'estre vaincu, vainc le plus grand. Ie m'en rapporte à la journée de Salamine, à la bataille de Marathon, à celle de Poictiers, & de nos iours, à celle de Coutras. Il faut aller auec ordre au cõbat, estre prõpt d'assaillir quãd il est tẽps, & ne cesser iamais que la victoire ne soit asseurée, qui depend en ce qui est des causes secondes de l'obseruation des deuoirs que i'ay touchez. Si l'on ne frappe cinq ou six fois contre la terre auec les fléches d'Elisée, qu'on ne brise & escrase tout à fait la teste du serpent, il anime sa queuë, sa picqueure, (qui est mortelle) empesche vne entiere deliurance, & desrobe la victoire à ceux qui s'arrestent au milieu du chemin, qui souffrẽt que la mort (à leur égard) ait encor son aiguillon.

C'est assez parlé des Capitaines & Soldats, de ce qu'ils doiuent faire, font & ne font pas; quoy que ce soit, s'ils ne sortent du camp pour se lauer d'eau, ne renaissent & sont faits nouuelles creatures, ils ne produiront iamais que du mal; & la voix des miserables sera tousiours trop foible pour estre ouys dans le bruict de leurs armes & furieux mouuemẽs; Lors qu'vne fois par les guerres viennent le fouragement & la violence, la loy n'a plus de force, le meschant enclost le juste; tout droict se peruertit.

En Ierusalem, durant le dernier siege, la Iustice n'y a aucun lieu, le droict est la seule volonté des factieux & seditieux. Du temps des guerres & proscriptions de Sylla, les Consuls pour les violences & cruauté d'vn Sulpitius Tribun du peuple, decernent cessation de la Iustice & de toutes affaires publiques; Et pendãt celles de Vitellius, il n'y a point de loix à Rome, les Iugemens s'y foulent aux pieds, & decident à la pointe de l'espée & par force; comme si le droict estoit dãs les armes, lesquelles esblouyssent tellement la veuë, qu'elles empeschent de voir les loix, contraires aux decrets, que bien souuent on propose, & escrit.

Les corps affligez de longues maladies engendrent de mauuaises humeurs: La guerre est vn regne d'Andropbages, où on ne tient conte de Iustice, d'equité, ny de Loy. Elle est d'vne humeur farrouche & agreste, impitoyable, implacable, change & muë le vin en sang, non vne fois, mais iusques à la troisiesme; dépeuple, tous pays & nations des gens de bien qui y sont, prouigne & laisse en leur place vne formiliere de tous crimes & vices: & auec tous ces maux, se fait suyure de la peste & de la famine; fleaux de Dieu, & coups de son indignation, que les Iuifs pour leurs grands forfaits ont senty, experimenté & beu iusques à la lie, au siege, prise & saccagement de la saincte Cité; Luy mesme leur annonce auparauãt qu'il les fera tresbucher par telles verges & punitions, & que son œil ne les espargnera point; pource qu'ils ont pollu son sanctuaire, & changé ses iugemens en vne meschanceté pire que celle de tous les autres peuples. Vostre grande ville, siege & domicille de nos Rois, qui par les factions estrangeres, est contrainte de se reuolter de leur obeïssance, a sceu pareillemẽt que c'est de la misere d'vn siege, de la peste & de la famine, & eust esprouué la mesme desolation des Iuifs, sans la misericorde de Dieu, & la clemence de nostre grand Henry.

Telle est l'impieté & injustice des hommes, qui fait venir sur tout le monde l'espee, la famine, la mort & perdition; iusques à mettre sedition & esleuer vne gent en bataille contre l'autre: Voire qu'en ceste angoisse & occision le mal est si grand & si pressant, que celuy qui veut aller & se retirer de lieu en autre, ne le peut; parce que les villes sont troublees par faute de pain, qu'aucun ne prend pitié de son prochain, & qu'il y a crainte par tout. En somme, enuers les meschans il n'y a que guerre & destruction, point de paix.

Les justes, au contraire, sont rendus joyeux par les saillies du matin & du Vespre : Dieu enrichit leur terre alterée auec abondance, arrouse ses rayons, fait descendre ses biens sur ses seillõs, benit son fruict, appareille leurs bleds, reuest leurs campagnes de trouppeaux, leurs costaux de liesse, & couure leurs valées de fruicts : dont ils s'escrient de joye en sa presence, & luy en rendent action de graces eternelles. Et quand à leurs personnes, il les deliure du lacs, de la peste, de la flesche & de toute mortalité; les couure & leur est pour targue; les rend asseurez sous son aisle, fait que ses Anges les portent en leurs mains, à ce que leur pied ne heurte contre la pierre, & qu'ils puissent marcher sur le lyon & sur l'aspic, fouler aux pieds le lyonneau & le dragon, sans aucun danger ny crainte.

RESte à obseruer qu'en toutes guerres & seditions ciuiles ou estrangeres; on ne doit iamais faire vertu de ne communiquer aux mal-heurs de son païs. Si lors quelqu'vn demeure coy, & se propose la neutralité, en laquelle on croit estre à l'abry pour n'offencer persone. Vn chacũ estime de luy, à bõ droit, qu'il attẽd l'issuë pour y accõmoder ses desseins; Cependant sa tiedeur, qui le fait loger au second estage, n'empesche point qu'il ne soit trauaillé de la fumée de ceux d'embas, comme de l'vrine de ceux d'enhaut, &

qu'il ne soit en fin la proye du victoieux.

En quel danger ne tombe les Thebains, pour auoir esté neutres, quand Xerxes vint en Grece. Et sans aller si loing; Les Florentins qui quittent l'alliance de la maison de France, & ne veulent entrer en ligue contre elle auec le Pape, l'Empereur, les Rois d'Angleterre & d'Espagne, sentent bien tost apres les fruicts de leur neutralité. Il ne faut point faire vn pont d'autruy pour pescher en eau trouble: ny ietter les flambeaux entre les deux armées pour les faire combattre, & se retirer de la meslée, comme font les Prestres de Mars. Les pires de tous les hommes sont les Athées & les Tiedes qui ne sont d'aucune Religion, ou qui nagent entre deux eaux: Aussi Dieu les vomit de sa bouche. Le nombre des pecheurs ne diminue point la coulpe, & n'y a point d'innocence, où il y a communion de crime,

Theramenes, qui se tient coy pendant la guerre Peloponesiaque, & le trouble d'Athenes, sans se messer pour les vns ny les autres, est depuis delaissé de tous, à la mercy des Tyrans qui le font mourir. Les Phaselites, qui en la guerre conduitte par Cimon contre les Perses, ne veulent se tourner du costé des Grecs ny receuoir leur armée en leurs ports; achetent cherement leur folie, par le degast de leur païs, l'assiegement de leur ville, & le defray d'vne grosse armée qu'ils sont contraints de payer. Et en la guerre contre Xerxes, les Estats de la Grece assemblez à l'entrée de la Morée, ordonnent que les Enianiens, Dolopiens, Melies, Perrebiens, Magnesiens, Acheiens, Thessaliens, & autres, qui au lieu de garder le pas des Tempées, se separent des autres, se rangent & suiuent le party des Barbares, soient decimez. Mesme qu'apres la iournée & victoire de Platée, les principaux des Thebains, autheurs que leur Cité s'alie auec les Perses, sont mis és mains de Pausanias, & executez à mort.

Gedeon froisse & brise auec les espines du desert, & des chardons, les principaux de Socoth, abbat la tour de Phauuel, & occit les hommes de la ville: pource qu'ils refusent de l'assister contre Zebée & Salmana Rois de Madian. Et ceux de Iabez de Galaad, qui ne se trouuent & viennent en armes auec leurs autres freres, pour aller contre les Benjamites, sont mis au trenchant de l'espée par les enfans d'Israël.

Les loix Romaines rendent serfs ceux qui manquent en telles occasions, comme indignes de la liberté qu'ils n'ōt voulu deffendre, & abãdonnẽr leurs corps pour estre foëtez & mis en pieces. Les Perses ordõnẽt & obseruent le mesme, tesmoin l'exemple funeste des trois fils d'Eobaze, que Daire faire mourir, pource que les menant en guerre, leur vieillard de pere le prie qu'il luy en laisse l'vn d'eux : & pareillement de Pythius Bithynius, lequel quelques grãds seruices que son pere ait rendus à Xerxes, pour lesquels il desire l'exempter d'aller à l'armée, est condamné & mis en deux pieces aux deux costez du chemin par où elle passe.

A Sparte, ceux qui seulement fuyent d'vne bataille, & ce faisant metrent l'effroy au cœur des plus asseurez, sont notez, tenus pour infames, & declarez indignes de tenir aucun office & Magistrat en la chose publique : Ceux qui les rencontrent en leur chemin les peuuent frapper impunement, faut qu'ils baissent la teste & l'endurent sans dire mot : On les contraint de se faire raser vne partie du poil, d'aller pauurement & salement vestus : Et est deshonneur de leur donner femmes en mariage, & d'en prẽdre d'eux. Les Romains punissent de mort ceux qui simplement abandonnent leurs Enseignes, ou le rang qui leur est ordonné durãt le combat iugent infame, & font mourir ignominieusement Appius Clodius, qui par son imprudence est cause d'vne grande defaite de mer sur eux par les Cartaginois. Et les Daciens, qui soubs la conduitte du Roy Olor, perdent la bataille contre les Bastarnes, sont contraints, lors qu'ils veulent dormir, de mettre leurs pieds au cheuet, & de seruir leurs femmes, comme elles les ont seruis auparauant.

Parmy nous, les Nobles, qui font la sourde oreille au ban & arriere-ban, par vileté & molesse de courage; ou qui pour estre par trop asseruis aux delices de leurs maisons, abandonnent leur Prince & l'Estat, pendant que ceux qui ont de la valeur exposent courageusement leur vie pour leur conseruation : sont priuez pour quelque temps de la jouyssance de leurs fiefs, & mulctés d'amende, qui leur est vne grande infamie & flestrisseure d'honneur; Iusques là que par vne Loy des anciens Gaulois; lors qu'ils conuoquoyent les gens de guerre és armées, celuy qui venoit le dernier estoit tourmenté iusques à la mort. Si donc nostre natiõ, nostre pays est en guerre cõtre qui que ce soit; Trouuons nous à la iournée de Salamine pour estre participans du commun peril des Grecs. Donnons liberallement nos terres, villages & autres biens à la deffence de nos Rois, de nostre patrie, contre tous barbares, estrangers, & autres qui les voudront opprimer.

Les Atheniens, quelques miseres presentes & incommoditez qu'ils reçoiuent en la guerre du Roy des Perses, ne peuuent estre induits par Mardonius par offres ny par presens de prendre son party, ou se tenir neutres: ains se resoluënt de faire paroistre derechef au Barbare leur vertu & courage, duquel ils ont si dignemēt combattu pour la liberté commune des Grecs. Les hommes Dephraim s'offencent & querellent Gedeon, de ce qu'il ne les a appellez auec luy contre les Madianites. Tellus Athenien est reputé vn des plus heureux de son tēps, de ce qu'il vit en homme de bien, & meurt honorablement en deffendant, & s'opposant aux outrages faits à son pays. Pericles appelle immortels ceux qui meurent en la guerre de Samos. Et vn autre Ancien dit, que si aucun en la deffence de sa patrie, repousse le desastre qui la menace de ruïne, & venge en guerre la mort des siens, soit qu'il meure en la bataille, ou viue, que sa gloire ne meurt iamais. Pour reluire cōme Estoilles au firmament, il ne faut que sauuer vne ame de mort, retirer de perditiō quelqu'vn des pecheurs.

On peut bien mourir en vne juste querelle, & non pas y demeurer vaincu. Les Martirs qui sont morts pour la cause de Iesus-Christ, ont trouué en leur mort vne victoire & vne couronne incorruptible: Et celuy qui est appellé l'Eternel nostre Iustice, au combat qu'il a eu contre Sathan, le monde & la mort, a englouty la mort en victoire, destruict celuy qui en auoit l'Empire, triomphé de tous ses ennemis, iceux despoüillez & menez en mõstre, en signe qu'ils ont esté vaincus: & repris quant & quant sa vie en gloire & Majesté eternelle pour nous.

Ce mesme amour qu'on doit à la patrie, fait que Brutus, qui auparauant ne daigne saluër Pompée, & qui tient mesme à grand deshonneur de luy parler (pource qu'il est l'homicide de son pere) se met neantmoins de son party, qu'il croit estre plus juste que celuy de Cæsar; propose les affections publiques aux particulieres: dit auec Caton d'Vtique, qu'en guerre ciuile on doit espouser & se mettre tout à faict du costé de la Iustice; que quelque succez qui en arriue, il tourne tousiours à vne tres-glorieuse vie, ou à vne tres-glorieuse mort.

Tant y a que la bouche de l'Oracle n'a assez de puissãce pour d'esmouuoir Proresilaus de ceste saincte affection, de porter sa vie auec les siens au siege de Troye, encor qu'elle luy predise qu'il y mourra. Le deuin Themistias, qui est asseuré de la déconfiture qui doit arriuer des Lacedemoniens dãs le pas des Termopiles, refuse de retourner en Lacedemone: Il veut combattre, vaincre ou mourir. Callicratidas, Capitaine general d'vne grande armée de mer, auquel auant la bataille des Arginenses, est presagé par les signes & entrailles des sacrifices, que les siens seront victorieux, mais qu'il y finira ses iours; substituë vn autre en sa place pour commander (venant faute de luy) puis va joyeusement au combat, où les ennemis sont déconfits, & luy mis à mort.

Bref Moyse oblige & fait passer au de ça du Iourdain les enfans de Gad & de Ruben pour batailler auec leurs freres en la terre de Canaam. Marius, qui harangue ses Soldats contre Iugurtha, leur propose le nom, l'honneur de leur nation, pour l'amour duquel il dit qu'il se trouuerra en personne sur les rangs dans le combat, pour leur y seruir de Conseiller & compagnon au peril. Et afin que l'vnion & concorde des Grecs (qui s'assemblent contre les Perses) soit plus asseurée pour conduire à chef ceste guerre; ils s'obligent volontairement de ne preferer point leur vie, à la liberté; de n'abandonner leurs Capitaines ny vifs ny morts; d'enseuelir ceux qui seront tuez en la bataille; & que venant au dessus des Barbares, ils ne destruiront iamais ville ny Cité qui ait aidé à les deffaire; ny ne r'edifieront aucuns des Temples bruslez ou rasez par eux, à ce que telles ruïnes & incendies soient à la posterité pour memoire de leur impieté.

Tel est le deuoir de tous les gens de bien, qui sont amateurs de leur patrie, & de tous vrais & fideles sujects & seruiteurs du Roy; lesquels les deffences d'Antigonus ne peuuent empescher de s'hasarder aux occasiõs, & mourir honorablement en combattant pour Sparte; ny moins les diuertir, de s'opposer courageusement aux passages des Barbares, & de se trouuer les premiers, non les derniers au combat: parce qu'ils craignent plus le reproche & deshonneur que le peril, qu'ils ont plus de honte que de crainte de leurs superieurs.

APres tout, Sire, de toutes les guerres, il n'y en a point, à comparaison, de si deplorables que les Ciuiles, quelques pretextes qu'elles ayẽt, qui reduisent en misere & seruitude, ceux qui enclos de mesmes murailles & mesmes maisons, sont gouuernez par mesmes loix & mesmes façons de viure, esquelles souuent il semble que plusieurs sont engendrez d'vne engeance pernicieuse, pour perdre le fruict auquel la vertu de leurs ancestres a comme donnè naissance.

Othon, apres auoir perdu la bataille contre Vitellius: quoy que nouuelles legions & armees luy viennent de toutes parts; qu'il a l'Egypte, le Senat de son costé, & les femmes & enfans de ses ennemis entre ses mains: Il dit à ses soldats, que s'il a esté jugé digne par leur eslection de tenir l'Empire, il le doit monstrer alors, en ne feignant de dépendre sa vie pour le bien & salut de son pays: Que la guerre qu'il a sur les bras n'est ny contre Pyrrhus ou les Cimbres, pour combattre à qui demeurera la possession de l'Italie; ains contre les Romains mesmes; où le vainqueur & le vaincu ne peuuent qu'ils n'offencent leur pays: Que quãd il demeurera le plus fort, il ne luy peut iamais tant profiter, comme il luy fera de bien en se sacrifiant pour la paix, vnion & concorde de ses Concitoyens. Il sçauoit que toutes guerres ciuiles sont tousiours contre soy-mesme, & que ceux qui s'entrerongent & entremordent sont consommez l'vn par l'autre. En vn mot, que tout Royaume, toute ville & maison diui-

sez ne

fez ne peuuent subsister, & sont en fin reduits en desert & desolation, quelques grands & puissans qu'ils soient: Ce que la nature mesme & l'experience nous font recognoistre; Le feu separé du tison s'esteint; Le nauire des assemblé n'attēd que le naufrage; le corps démembré n'est plus corps; l'homme plus homme, si l'ame s'en separe; la Couronne mesmes mise sur la teste des Rois perd son nom, si elle est despecée: Ainsi n'y a chose si haute que la diuision ne face cheoir; si grande qu'elle n'abaisse; si ferme & solide qu'elle n'esbranle; ne si durable qu'elle ne consomme & ruine.

Il y a de plus; Que telles guerres ostent & perdent l'vnité qui anime de vie & d'esprit les Estats, & par le dommage qu'elles y apportent par leurs propres forces & confusions, font d'ordinaire qu'ils sont aguettez & souuent faits la proye de ceux qui les voisinent & qui sous main prouignent tels desordres & seditions, pour faire (comme Eumenes) combattre Macedoniens contre Macedoniens; le pere contre le fils, le fils contre le pere: se deffaire & tuer eux mesmes par eux mesmes, pour puis apres les commander & seigneurier: O que ie crains grandement qu'il n'y ait eu, & n'y aye encores, non vn, mais plusieurs Eumenes en ce Royaume, qui par eux ou leurs Seminaires par mesmes voyes en procurent & demandent la desolation. De l'abondance du cœur ie trace ces lignes, & ne peux refuser la parole à mon estomach: mon affection est aux Lys, à vostre Majesté, à sa maison Royale, au bien & paix de l'Estat. Et quoy que volontiers ceste harmonie ne soit douce & agreable à tous, si ne laisseray-je de la chanter en l'honneur d'Antigenidas, le dis de vous, SIRE, & de tous vos bons, fideles & loyaux seruiteurs. Car Dieu me le commande, qui est nostre Roy Seigneuriāt & maistre de tous. Aussi que nous viuons parmy vn Ocean d'injustices, de troubles & calamitez, où nous ne voyons aucune terre ferme: ains vne vague roule dessus l'autre, auant que la premiere ait acheué sa course; & les mal-heurs nous talonnent, & semblent debattre ensemble à qui aura la place, comme si par faute de se haster, ils auoient peur de perdre leur tour.

La des-vnion & guerre des Grecs les vns contre les autres, sont cause de leur totalle destruction; De ce que premierement ils sont faits prisonniers des Macedoniens; puis esclaues & Serfs des Romains. Et Rome reçoit plus de maux des seditions & partialitez de Marius & de Sylla, que tous ses ennemis ensemble ne luy en ont peu iamais faire souffrir ; tant l'homme meschant à son Roy, à sa Republique, à sa patrie, est vne beste sauuage & cruelle, quand il a en main le moyen & la puissance d'executer sa passion : Car principalement où l'ambition produit ces calamitez, tout respect de Royauté, d'amitié, de sang & de patrie est osté & foulé aux pieds : Là Ciceron abandonné par Cæsar, pris le premier en la conspiration du Triumvirat ; & par le consentement d'Anthoine, le frere de sa mere, mis au nombre des proscripts : Là les alliez, parens & amis s'entretuent, & ne craignent dans le propre sang des leurs, d'ensanglâter leurs glaiues. C'est le tableau des miseres de la France, quasi de siecle en siecle.

Certes, c'est vne merueilleuse destresse à vn bon seruiteur de Roy, bon Citoyen, de voir asseruir l'Estat de son Prince, sa Republique, ses Concitoyens. Conon a plus de desplaisir des feux & ruïnes faits par les Lacedemoniens à Athenes (qui est son pays) qu'il n'a de joye de l'auoir restitué & remis en liberté. Bien esloigné de ces ames seditieuses, à qui le tumulte est vne semence au desordre qui n'ont aucun repos que dans les troubles, ny aucuns troubles que dans la paix.

Ceux qui sont tels ont beau se pretexter du zele de la Religion, de la reformation des Estats, du bien public, & du seruice & authorité de leur Prince ou de leur Republique : tout cela en eux n'est que piperie, interest particulier, auarice, ambition, ou esprit de vengeance, qui fait passer tels demons incarnez par dessus tout respect Diuin & humain, pour assouuir leur rage & furie aux despens du sang, de la vie & des biens de leurs Compatriotes, comme tous les iours, en tous lieux, les euenemens le iustifient.

Pour ceste cause les Romains, tant que leur Republique a duré en sa splendeur, n'ont iamais octroyé le nom d'Empereur, ordonné processions publiques, ny decerné les honneurs des Courõnes de l'auriers, d'Oüations, & de triomphes à Scipion Nasica, Opimius Cinna, Q. Catulus, ou autres, pour victoires qu'ils ayent rapportées sur les Gracches, Lepide, Catilina, ou entr'eux mesmes. Ce que nos liures saincts remarquent plus dignement, quand ils disēt que les Israëlites, qui pour le peché énorme des Benjamites, lesquels violēt la femme du Leuite, s'arment cōtr'eux: Au lieu de se glorifier de leur deffaicte, publient le jeusne à cause de leur ruyne, pource qu'ils sont leurs freres, Et que l'armée de Dauid rètournant victorieuse de la bataille contre son fils Absalon, s'estonne dans la ville toute peneuse & honteuse, comme si elle eust fuy & esté vaincuë.

Mais, dira quelqu'vn; Qui peut éuiter ces guerres, remuëmens & seditions Ciuiles, qui procedent de la Iustice de Dieu sur les peuples, qui attirent par leurs pechez l'alarme & la froissure, & luy font ouurir son Arcenal, & en tirer les armes de son indignation, pour esmouuoir Egyptiens contre Egyptiens, pecheurs contre pecheurs, batailler vn chacun cõtre son frere, Cité contre Cité, & Royaume contre Royaume; Où le Sacrificateur est tout ainsi que le peuple, le seruiteur comme le Seigneur, la Dame comme sa seruante, & où la malice deuore la ville & le peuple pour leurs injustices & meschancetez; il faut premieremẽt recourir & retourner à Dieu, qui prẽd compassion des siens toutes-fois & quantes que retournans à luy, ils luy cõfessent en amertume & contrition de cœur leurs iniquitez, & s'en destournent.

Vn Payen, parlant de Rome au commencement de son Empire, nous dit que l'vn des Consuls mort, l'autre fort blessé, les plus grands du Senat, la meilleure partie des Nobles, toute la fleur de la jeunesse, comme abismée dans le sang de tant de combats soustenus; toutes choses estans sans esperance, sans Chefs ne force, que la ville est conseruée par le seul support des Dieux ausquels on a recours. En vn autre endroict il en rend ceste raison, que toute crainte des Loix & de chastiment mise arriere, elle est gouuernée par le simple serment & par la foy: Ce qui fait dire à l'Orateur Romain qu'il n'y a rien de stable, où il y a de l'infidelité; & que comme vn Estat, vne ville est conseruée par la benediction des droicturiers, & demeure heureuse quand la Iustice & la Foy y regnent vigoureusement: que tout de mesme elle est subuertie comme en vn moment par la bouche infidelle & injustice des meschans.

Que si les Payens recourans à leurs faux Dieux, & faisans regner la Iustice, ont creu par là estre exaucez; que ne nous prometrons nous point des compassions de nostre Dieu viuant & vray recourans à luy, qui bande la playe, & fait que la septiesme calamité ne touche point aux siens.

IE sçay bien (Sire) qu'au regard de la guerre presente, qui est dãs vostre Estat, vous demãde la Iustice & obeïssance d'aucuns de vos subiects de la Religion, & que tant de sang qui s'y est desia respandu procede de ce que plusieurs d'entr'eux se sont assemblez & continué leur assemblee en vostre ville de la Rochelle, contre vostre volonté & commandement; que c'est à eux de baisser l'espaule sous vostre domination, vous demander pardon, & se remettre au chemin du deuoir: & que le faisant ils trouueront grace, & des robbes de rechange. Mais, Sire, quoy qu'ils s'endurcissent & demeurent obstinez, voudrez vous pour l'amour d'eux que l'innocent perisse, & que vostre Royaume, vos peuples soient dans le sang, dans le carnage & brigandage continuel; Plustost esperent ils, que Dieu qui conuertit le cœur des peres enuers les enfans, & appelle les rebelles à la prudence des justes, duquel la clemence & misericorde se glorifie par-dessus sa Iustice, conuertira vostre cœur, qui se laissera aller & gaigner à eux, pour couurir en quelque sorte la hōte & le reproche qui autrement les suit. Et qu'en leur pardonnant & faisant garder vos Edicts de Pacification, vous leur ferez sentir vostre affection & bonté, vrayement paternelle, non moins que le deffunct Roy d'heureuse memoire (vostre tres-honoré Pere) a fait à ceux, qui auparauant, & depuis son aduenement à la Couronne, auoient par reuolte pris & porté les armes cõtre luy: & qu'ainsi vous donnerez la paix, & le calme à cét Estat.

Sire, ne sçauez vous pas qu'en fait d'émotions, il n'y a rien de plus salutaire que les conseils pacifiques; & que la premiere victoire de la guerre est par vne Amnestie generale & oubly des choses passees de pardonner au vaincu. Qu'il faut sacrifier à la Déesse Lethés, boire des eaux des Sacrifices d'oubliance & de memoire: se souuenir des choses bien faictes, oublier les meschantes: Que Vespasien donnant la paix à l'Empire, tant s'en faut qu'il face aucun desplaisir à ceux qui ont suiuy le party de Vitellius, qu'il marie sa fille honorablement auec vn riche dot, & la meuble de toutes sortes de joyaux. Qu'Auguste n'vse de moindre liberalité enuers les enfans d'Anthoine, apres qu'il l'a vaincu; Que l'Empereur Seuere faict le mesme à l'endroit du fils & de la fille de Plautiá; Qu'ainsi Cæsar se porte humainement enuers les Senateurs Romains, prisonniers à la victoire qu'il obtint contre Pompée, sans voir ny permettre qu'on face aucun extraict des papiers de son ennemy; ains les fait brusler, quoy que les voiant, il peut descouurir ceux qui luy sont cōtraires; Que le mesme auoit fait Pompée des papiers de Sertorius, qu'il saisit en Espagne, entre lesquels sont plusieurs missiues des principaux du Senat qui l'appelloient à Rome, pour y faire vn nouueau remuëment, & que par là il donne temps à ceux qui auoient eu mauuaise volonté de se repentir & corriger. Tous ces grands personnages iugeans sainemēt que telles actions sont les plus conuenables & asseurez moyens pour maintenir & accroistre les Estats & rendre le regne des grands Rois doux & desalez à boire à leurs subjets.

Les Rois, Sire, premier que commencer leur regne, doiuent manger vn torreau de figues auec du Terebinthe, & boire du vinaigre & du laict: sçauoir se porter moderément en leur particulier, & enuers leurs subjets. Lors que Dauid veut traitter des deux poincts d'vn Royaume bien reglé; Il dit qu'il chantera à Dieu de gratuité & droicture, à sçauoir de la Iustice & Clemence, qu'il s'oblige d'obseruer en son administration; Et ce ayant esgard à Dieu, qui est le Dieu des misericordes, dont les compassions & gratuitez sont eternelles, au lieu que ses indignations ne sont que d'vn moment. Philippes I. fils de Henry I. iure à son Sacre au nom de Dieu tout-Puissant, de bien gouuerner ses subjets mis en sa garde, & que de tout son pouuoir il fera iugemēt, Iustice & misericorde. Et le Roy Artaxerces, qui se qualifie Empereur de plusieurs nations (tenant toute la terre en sa domination) ne se veut esleuer à cause de la grandeur de sa puissance, ains desire gouuerner ses subjets par clemence & douceur, à ce que sans aucune crainte ils vsent leur vie en repos, & que son Royaume rendu paisible & sans danger, il renouuelle & asseure la paix desirée de tous les hōmes. Sire, le Roy des Abeilles n'a point d'aiguillon; la nature luy a osté son dard, & desarmé sa cholere, les armes naturelles des Rois sont la clemence & benignité, quelque offence qu'ils reçoiuent.

Ce Roy, sainct seruiteur de Dieu, qui reçoit plusieurs indignitez & outrages de Semei, ne permet qu'il luy soit faict aucun tort; parce qu'il sçait que ce n'est chose bien-seante ny digne d'vn Souuerain de se remettre le meffait en memoire, & y penser tant soit peu, & qu'il faut quitter la debte à celuy qui nous doit tant & plus. Ainsi Antigonus desgage d'vn chemin fascheux ceux qui le maudissent, & par cet office leur donne sujet de le benir: & Clotilde II. pardonne & sauue la vie à Eudemond Euesque de Sion, qui a pris charge de corrompre la Roine Bertrude sa femme, pour le faire empoisonner. Dieu qui est seuere à s'enquerir des crimes & delits, impose tousiours les peines moindres que les fautes: Vostre Estat, pour estre heureux, doit estre formé par Peintres qui vsent d'exemple Diuin; C'est l'espée que Dieu vous met en main pour coupper & deslier le nœud Gordien, pour nous donner la paix; & faire que vostre Majesté porte à l'entour de son Diademe & de ses bras, ses graces & benefices plus singuliers.

Sire, vous auez tesmoigné du contentement, en la joye & allegresse que vos subjets & habitans de vostre bonne ville de Paris ont reçeu de vostre heureux retour. Ce iour plus volontiers que les autres, doit estre vn temps agreable & de salut à vos peuples; Les mois de l'Hieromene de Iupiter; les Iours blancs de Pericles, esquels on doit esperer paix & prendre toutes sortes de bône chere & recreations; le temps de la Barque sacrée, feste & solemnité Delieme, où il n'est loisible de punir aucun: Faites donc que ce soit l'An & le Iour de bienueillance, en donnant & publiant la lumiere, la liberté & la paix à vos subjects, qui la demãdent si ardément, & leur est si necessaire; Espandez à ceste fin sur ceux qui vous ont offencé vostre largesse d'indulgence & de pardon, afin que se refugiant, non à l'effigie du Roy Ptolomée, mais à vostre Majesté, ils y trouuent grace & seureté pour tousiours. Faisant ainsi, vous ne ramenerez point les choses les plus magnifiques du monde aux syllabes, qui ne font que diminuer & gaster l'entendement, ains mettant toute vengeance & Iustice soubs les pieds de vostre misericorde, & tous vos subjects soubs vostre obeïssance; vous aurez cette gloire & loüange; non d'auoir surmonté les Perses où les Medes; mais toutes sortes de passiõs, & la crainte de la mort mesmes, qui a vaincu les vainqueurs de tout le monde.

Sire, les peres qui pardonnent, ne perdẽt rien de ce qui est de la vengeance; Ils ont beau estre irresolus entre la douleur & l'amour, il n'y a point d'offence assez forte pour faire mourir leur affection; malgré eux ils sont contraincts d'aimer: ils menacent, mais ils ne condamnent pas; quand ils accusent, ils excusent, & iamais leur amitié ne se laisse surmonter par la haine: autant de fois qu'ils se colerent, ils s'appaisent & se reconcilient; la pieté les gaigne, & la nature, qui retient tousiours ses droicts, les rameine auec les mains de l'amour: Ainsi Dieu, qui voit le train inique de ses enfans, ne laisse de les guarir, leur rendre & donner ses consolations.

De mesme (Sire) vous qui estes nostre Roy], nostre pere & nostre Pasteur, en prenant plaisir de chercher la brebis esgarée, vous la ramenerez à vostre trouppeau: Car vous estes plus faict pour vos peuples, que vos peuples pour vous. Et bien que vostre nom soit grand, & vostre puissance selon vostre parole; que vostre bras soit long estendu; & que nul ne peut ny doit dire au Roy que fais-tu, ny moins mal penser ny presumer de ses desseins, de sa volonté, Neantmoins, sçachez que vostre grande puissance consiste plustost en la pieté qu'en la rigueur, en la misericorde qu'en la Iustice; puis qu'auec le nom de Roy, vous portez celuy de Pere, qui est vn nom d'humanité, qui non-seulement repurge les maladies auec vn miel doux & benin, guarit les vlceres, & sauue la vie de ses enfans, quelque ingrats & desobeïssans qu'ils soient, mais aussi en soulageãt leurs cheutes, a soin que leur cicatrice ne soit des-honneste. Il n'y a que les ennemis iurez qui foulent aux pieds les miserables & calamiteux.

Derechef (Sire) vous estes la loy viue, l'ame, le lien, l'esprit vital de vostre Estat, le conseruateur des loix, Le Pere de la patrie, l'image viue & parlante de Dieu immortel: & pourtant vostre ornement plus digne, qui sied mieux à vostre grandeur, est la Couronne Ciuique: Vostre perpetuel object (entant qu'en vous est) doit estre de sauuer & garentir vos peuples de tous maux & desolations, & par vostre addresse & occupation les faire viure à l'aise, & leur fournir temps & matiere de se resiouïr. Le bon berger met mesme sa vie pour son troupeau aux extremitez du peril, & ne permet qu'il soit deuoré par les lyons, les tygres & loups des bois. Iean II. Roy de Portugal n'oit pas plustost dire qu'il y a vn oyseau qui de son bec deschire sa poictrine (pour redonner par l'effusion de son sang la vie à ses petits, morts par la morsure des serpens) qu'il fait adjouster son pourtraict à ses Armoiries, pour tesmoignage qu'il n'est moins prest d'espandre le sien pour le salut de ses subjects. Ainsi Anthonius fait priere aux Dieux, s'il y a quelque meschef à aduenir sur son armée, qu'il tombe sur luy seul; Dauid, Roy sur Israël, fait le mesme; & le Fils, sur les espaules duquel l'Empire a esté mis par le Pere, donne sa vie, pour garentir les siens de la mort.

Les Rois d'Ethiopie, qui en leur gouuernement prennent ceste maxime, sont tellemẽt aimez & honorez de leurs ſubjets, que ſi par naiſſance ou accident, ils ſont debilitez en aucune partie de leurs corps; leurs domeſtiques & principaux amis & ſeruiteurs, mutilent & affoibliſſent en eux ceſte meſme partie, & tiennent que ce leur eſt infamie leur Roy eſtre boiteux, & qu'ils ne le ſoiẽt pas: Ce qui fait remarquer à vn ancien Hiſtorien, qu'il eſt comme impoſſible aux peuples d'Ethiopie de machiner & entreprendre aucune choſe contre telle vnion d'vn Roy & de ſes ſubiects, qui ne viſe qu'à vn commun ſalut. De fait, lors que les Rois n'ont qu'vn meſme vouloir auec leurs peuples; que les vns par vn juſte commandement, les autres par vne ſincere affection & prompte obeïſſance, contribuẽt ce qu'ils doiuent à leur commune conſeruation, il ne s'eſt iamais veu de reuolte en leurs Eſtats. L'œil des Rois, la main droicte, & les doigts eſtendus des ſubjects, ſuffiſent pour les garder, maintenir & conſeruer, puis que viuãs ainſi, Dieu en eſt le fidel gardien & conſeruateur.

Or, Sire, pour leur faire trouuer & eſprouuer ces remedes; Vous auez la Roine voſtre mere pres de vous & Monſeigneur le Prince, qui ſeconderont vos bonnes & ſainctes intentions, & pluſieurs bons anciens & fide les Conseillers d'Estat, qui par l'experience qu'ils ont du passé, peuuent consulter à leurs propres Oracles, vous en donner l'ouuerture & les moyens, representer a vostre Majesté que les esclats de foudre atteignent peu de personnes, encores qu'ils effrayent vn chacun; que vos chastiments doiuent faire plus de peur que de mal, à ce que vous soyez plus excellent en benignité, qu'en vaillance & en force, & que vostre Statuë mise au Temple auec celles des Princes pitoyables, vous puissiez annoncer condamnation sans misericorde à ceux qui ne font point misericorde.

Vous estans feables, & amateurs de la paix & honneur de vostre regne, ils vous conseilleront genereusement auec Iustice & raison, sans s'esmouuoir ny soucier d'aucunes paroles, injures & calomnies qu'on puisse vomir contr'eux; & quelque danger qui se presente en la mer des affaires publiques, sans s'arrester aux larmes des mauuais passagers qui tirent du cœur & se tourmentent d'effroy, ils monteront les premiers en la barque, & vous feront mettre les voiles au vent, pour nous mener & conduire au port de salut & de paix, tirans & traisnás, malgré eux, à force dans vostre nef tous Conseillers d'infidelité, que l'intéperance, le mal, le mal, l'ambition & la luxure effeminent & predominent, où qui priuez de toute raison se laissent emporter au courant.

Tous ne sont pas propres de donner bon conseil : Il faut pour ce faire vn esprit merueilleusement fort, vn iugement solide & arresté, vne grande & longue experience, & sur tout vne bonne conscience ; les enfans de la chair sont chauue-sourits aueugles, au faict de bien conseiller On ne reçoit iamais de reproches de se soubsmettre aux plus Sages : Ceux qui se veulent ingerer de conduire tout par leur esprit fourchu, & dõner addresse du chemin dont ils ne sçauent sentier ny route, & qui en se deceuans, se croyent capables de toutes choses, se fouruoyent, & font fouruoyer les autres, & leur gangrene & maladie est à la mort.

Non, Sire, la conseruation des Estats & Empires ne cõsiste point en l'entretiẽ des murailles tres fortes, aux portiques, Tẽples & Colleges, ny aux armées & vaisseaux de mer, qui sõt toutes choses que le temps consõme, ores que souuent elles eschappent des mains des ennemis; ains en ce qu'ils soient bien establis & gouuernez par bonnes loix & prudens Conseils, desquels on doit laisser le iugemẽt à ceux qui essayent l'or au feu, qui en peuuent distinguer la nature & la qualité ; non à ceux qui simplement ne le sont que fouyr & tirer des mines. Les grands Princes qui se retirent ainsi d'eux-mesmes, pour considerer & consulter exactement auec leurs bons & fideles Conseillers les grandes choses qu'ils entreprennent, & qui donnent accés à tous, ont plus d'aduertissemens & de meilleurs, que sept guettes assises sur vne haute tour; leur esprit voit de plusieurs yeux, oit de plusieurs oreilles, sent & apprẽd de loin tout ce qui se fait & se doit faire pour le bien & lien de paix de leurs Estats.

Sire, le Palais sauoure les viandes; Vostre Majesté peut recognoistre au goust les paroles des gens de bien, & s'arrester à ceux de qui elle a fait preuue, qui ont veu & voyent clair dans les affaires au dedans & au dehors de vostre Royaume, & qui portent partie & peine des afflictions & calamitez publiques; Ceux qui sont tels ne vous peuuent estre suspects; Ils ne vous conseilleront point pour leur interest particulier, ny ne mettront iamais vostre Estat en aucun hazard; ains ils iront par vn chemin sec, où il n'y a point de faux pas; promeneront leur ame auec integrité, non par les biens corporels, mais par vne routte certaine vers le Dieu de paix, où il n'y a aucun choppement: & ainsi francs de passion, de haine, d'ãbition, de colere & de partialitez qui pourroient apporter quelques obſtacles à leurs Conſeils, l'aſſeurance publique leur ouurira la porte aux moyẽs qu'ils ont de bien faire & bien conſeiller. Lors que les affaires ſont balancées & dirigées par vn bon & ſainct concert, l'iſſuë en eſt touſiours bõne & heureuſe, au prix de celles eſquelles nous n'apportons que nos ſens, qui ne voyẽt iamais clair en ce qui leur eſt le plus propre.

Ne croyez-point, Sire, aux beſtes malignes, mordantes, veneneuſes, qui vous vouldront empeſcher d'vſer de voſtre bonté de nature: ce ſont des Cameleons qui prennent toutes autres couleurs, fors que la blanche: Des Gueſpes qui mangent le miel des auettes, qui cornans & trompettans la guerre, eſtendent les rets deuant les pas & la vie de vos pauures ſubjects, pour faire que vos finances ſoient pluſtoſt dons d'impunité que reſcompence de vertu. Leurs ſemblables ont obligé Ioſaphat à la guerre contre Ramoth Roy de Galaad, où il ſe trouue à deux doigts de la mort; & ſont demeurez aupres de Perſeus, non pour amitié qu'ils luy ont, mais pour ſon or & argent: Iuſques-là qu'ils ont induict le Roy Dauid d'oſter injuſtement les biens à Miphiboſeth pour les bailler à ſon ſeruiteur: Rejettez-les & tournez viſage à tels ſeducteurs, qui nous veulent faire mãger du fruict de l'arbre deffendu, afin que nous perissions auec eux Et quand bien par fois ils vous diroiẽt quelque verité, ne les escoutez du tout point; car ils ne vous parleront iamais selon Dieu que pour vous tẽter tromper & seduire (s'il estoit en eux) Iesus Christ, commande à Sathan de se taire, tance les esprits immondes qui veulent rendre tesmoignage de luy: & deffend aux meschans de prendre sa parole en leur bouche, & de la publier: Les clochettes pendantes de la robbe d'Aaron, sont entremeslées de grenades; Dieu n'aime point vn son sans fruict: le figuier où il ne se trouue que des fueilles est maudit.

Sire, quoy qu'ils vueillent vous faire accroire: Ephestion ne leur est point apparu en songe, ny n'ont veu voler l'ame de Cæsar au Ciel: Pour Dieu mettez differẽce entre ceux qui aimẽt le Roy, ou qui cherissent Alexandre: donnez liberté aux sages de parler; pẽsez l'integrité de ceux que vous appellez en vos conseils, qui au contraire des statuës polies, ont commẽcé leur formation par l'interieur, sauouré la vertu, & fait essay de la franchise; qui ne mesurent point leur felicité au ventre & és choses deshonnestes, ny par l'or, le pourpre, les pompes ou les faueurs; mais qui aiment autant la verité, la franchiſe, la Iuſtice & la paix, qu'ils deteſtent la guerre, le ſeruage & toute flatterie. Tels qui vous ſuiuent & conſeillent de frãc cœur, doiuent eſtre honorez des mets de voſtre table, & receuoir comme Ioſeph, le cachet du Roy. Vous, Sire, qui auez le tiltre de Iuſte, voudriez vous, vous cõſeiller de Iuſtice auec l'injuſte; de l'humanité à ceux qui par le ſang veulent deſchirer leur patrie; de la paix à ceux qui ne reſpirent que la guerre, & attendre aucune bonne ny ſaincte deliberation de telles ſortes de gẽs, qui offrẽt ſimplement les paroles à voſtre ſeruice, pour retenir le negoce à leur profit. Ne doutez point qu'il n'y ait encore au monde pluſieurs Iudas qui vous doiuent eſtre ſuſpects: ſi vous prenez garde de pres à eux, ma plume ne deuancera point en cela voſtre iugemẽt. Dagon tombe deuant l'Arche; la verge de Moyſe engloutit celle des Deuins d'Egypte, & Dieu qui nous eſt pour exemplaire en toutes choſes, ne manifeſte & dõne à cognoiſtre ſes ſecrets & abiſmes de ſes bontez & miſericordes qu'à ceux qui luy ſont les plus feaux: qui en ſa Republique, en ſa maiſon, n'ont autre conſeil ny ſoin que pour le ſalut, paix & conſeruation des ſiens.

Il ne faut qu'vn homme vertueux & ſage, qui ait reputation d'honneur &

de Iuſtice pour ſauuer toute vne ville, tout vn pays. A Veniſe, lors que ceux de la marine s'attachent aux habitans de la ville, & s'entretuent de ſorte, qu'il n'y a Duc, Senat ny Magiſtrat qui ne ſoit rebuté par force & violence ; Pierre Loredan, ſimple Gentil-homme Venitien, ſans aucune charge ou Eſtat, qui ſe monſtre ſeulement au milieu de leurs combats & leue la main haute, leur fait tomber les armes des mains : Chacun porte reuerence à ſa vertu, & tous eſblouys de ſa ſplendeur, ſe tiennent coy. Le meſme arriue à Florence ; là, la puiſſance humaine, les Loix & Magiſtrats n'eſtãs aſſez ſorts en vne guerre Ciuile entre les habitans, pour les arracher les vns des autres ; L'Eueſque du lieu, reueſtu de l'habit Pontifical, qui auec ſon Clergé ſe preſente deuant le peuple, fait que tout à l'heure chacun s'arreſte & ſe retire en ſa maiſon. Et Alexandre le Grand, qui vient en furie auec ſon armée pour raſer la ville de Ieruſalem ; à la veuë du Souuerain Sacrificateur, tourne ſa fureur en crainte, & luy octroye tout ce qu'il demande, tant la vertu & preſtance d'vn ſeul homme, a ſouuent plus de puiſſance & Majeſté que les armes ny les loix. Sire, ſoyez noſtre Alexandre, & à la veuë du grand Sacrificateur, Roy des Rois (qui eſt le grand Dieu de paix) appaiſez voſtre juſte courroux enuers ceux de vos ſubjects qui vous ont offencé, & donnez la paix & le repos à tous: C'eſt voſtre gloire, & n'y a rien qui vous puiſſe rendre plus heureux. Les dits de la Sapience ne parlent qu'en Iuſtice, en verité & en paix. Quelque contredict qu'elle reçoiue, elle demeure touſiours ſur ſon plan, & conduit l'homme à la ſolidité, à la fin des fins, à la fin ſouueraine. Voſtre magnificence eſt en beaucoup de peuples, qui ſont les aiſles qui eſleuent les Princes, les rendent grands, forts & redoutez, au lieu que la Principauté ſe dechet, quand le peuple defaut.

Sire, ceux qui d'ordinaire entreprennent la guerre, y eſperent ou plus d'honneur & de profit, qu'il ne leur y ſemble voir de difficulté; ce qui leur oſte toute apprehenſion du mal qui en peut arriuer. D'autres qui penſent plus aux inconueniens, aimẽt mieux (ores qu'offencez) attendre de l'aduenir ce qu'ils appellent hazard, que de prendre les armes, & toutes-fois ſoit qu'aux vns & aux autres il ſuccede bien ou mal, il faut touſiours reuenir à la paix.

Que l'homme attende & ſe promette ce qu'il voudra: il ne le peut obtenir qu'à l'aide du temps: s'il laiſſe le repos pour choiſir la guerre, il eſt dépourueu de ſens. Au premier, par le cours de nature les enfans donnent ſepulture à leurs peres : En l'autre, l'ordre des choſes eſt changé, & par vne inſigne calamité les peres enſeueliſſent leurs enfans : l'vn fait iouyr vn chacun de ſes biens, honneurs & dignitez, l'autre nous perſecute & trauaille ſans fin de mille maux, ne parle que de tuer, ſaccager, deſrober, deſpoüiller les innocẽs, donner liberté aux larrons & meſchans, d'éueiller les ſeditieux, & d'oſter l'alliance aux amis.

Les Sages, qui ont experimenté la variation des cas humains, ne ſe confient iamais au roſeau caſſé des proſperitez preſentes, ains obſeruẽt que tous hommes ſont égaux à auoir part au mal comme au bien, & que l'vn eſt plus durable que l'autre; que le cœur eſt dolent en riant; & que la ioye ſe finit par ennuy. Ce qui les fait viure touſiours en crainte de l'aduenir, ſe retirer du mal, & conſiderer leurs pas: Ils corrigent & éuitent aiſément les maux, ſoit par leur propre mal, que par l'exemple de la miſere d'autruy; la fortune ſur laquelle s'appuyent les fols & inſenſez, ne les abuſent point en la guerre, ny ne les naurent par courroux en la paix : Ils ſçauẽt qu'elle eſt de mauuaiſe haleine, qu'elle ſe deſplaiſt à ſoy-meſme, & rempliſt d'vne mauuaiſe odeur tous ceux qui l'approchent;

que ſon viſage noir, marque & tache tous nos Iours de quelque noir & ſiniſtre accident; qu'elle ſe veſt en deſordre d'vne robbe Royale, pliſſee à ondes & petits flots; de troubles, inquietudes & dangers infinis, & qu'ainſi variable, elle ecclypſe quand elle eſt en ſon plein, & en ſa viciſſitude & trepidation, fait ſouuent que les vainqueurs tournẽt le dos aux vaincus. Les Atheniens pour la perte qu'ils font premierement à Delos, & toſt apres à Amphipolis, ſe repentent (mais trop tard) de n'auoir fait la paix incontinent apres qu'ils ont obtenu la victoire de Pile.

Quoy que s'en ſoit (Sire) la guerre eſt du tout effroyable & plus que perilleuſe, qui redoute ſes propres forces & armes plus que celle des ennemis; La haine de dedans l'emporte de beaucoup contre celle de dehors. D'ailleurs, où le luxe & l'auarice regnẽt vne fois; là où on loüange les richeſſes, & ſuit la fetardiſe; que chacun n'a de cõſeil que pour ſoy; que dans les maiſons on eſt eſclaue des voluptez; & dans le Senat, de l'argent & de la faueur; qu'il n'y a point d'authorité, que ceux qui peuuent ne s'approprient où donnent à ceux qu'il leur plaiſt, ny d'or ou argẽt du peuple, ny du fiſc qu'ils n'attirent & diſſipent en toutes façons, les Monarchies, les Republiques & Eſtats ont beau eſtre grands

& puissans, si lors la tourmente vient, c'est en vain qu'on implore secours, rien ne peut sauuer du naufrage. Aux corps malades & debilitez, le moindre accident (bien que leger) y est d'vn extreme poids & consequence.

Sire, vous le premier, chacun à part, & tous ensemble doiuent aider perseueramment à procurer & donner la paix à vostre Estat, pour en destourner les funestes miseres & calamitez que nous en auons tant de fois ressenties. Quicõque en cela vous abandonnera & conseillera autrement, est indigne d'aucun honneur; n'est seruiteur de vostre Majesté, Citoyen & amy de sa patrie, ny bien-faisant à soy-mesme; mais estranger, meschant & ennemy de tous; preferant & aimant mieux (quoy que contre la parole donnée au Seigneur de Bassompiere vostre Ambassadeur, de voir le droict des gens violé, & la Valtoline & Iuliers és mains des ennemis de la France, & ses alliez estre encõbrez de toutes parts, que de s'opposer à ceux qui de leurs despoüilles & des guerres Ciuiles de l'Estat, ne s'attendent rien moins que renouueller par leur Catholicon leurs premiers artifices, & faire dans vostre Estat vne guerre de Religion & d'Estat tout ensemble, pour perdre l'Estat, & en triompher.

Sire, plusieurs voyent & oyent ces choses

que ie represente à vostre Majesté: mais tous, ou peu s'en faut, sont des chiens muets, des cœurs incirconcis, qui n'ont parole ny courage pour descouurir & pouruoir sous vostre commandement & authorité Royale à tous ces maux. La paix donc, la paix; au nom du Dieu de paix. Apres Dieu, elle dépend de vous, & n'y a personne, quelque enragé & infernal qu'il soit, qui en la donnant par vostre Majesté, puisse destourner tous vos subjects indifferemment de leur deuoir & obeïssance enuers vous. Anatheme & execration soit, celuy qui y contreuiendra.

Sire, vos subjects de la Religion vous demandent à leur esgard pour cette paix, l'obseruation des Edicts que vous-mesmes auez confirmez par diuerses Declarations; qui ne suffisent pas toutes-fois pour vne paix asseurée, si vous ne punissez desormais seueremẽt les moindres infractions qui y seront faictes par qui que ce soit sans acception: Car des plus petites fautes qu'on tolere, on en vient aux plus grãdes, qu'il est bien mal-aisé puis apres de corriger: La corruption qui vient peu à peu au corps gaste les parties alterées, & la paresse de nettoyer vne gouttiere, ruine & faict cheoir en fin la maison. Ainsi en toutes matieres de maux, vn abysme en attire vn autre. Les moindres principes de mal prennent tousiours accroissemēt en pis: les mœurs publiques se deprauent par imitation.

Vne de leurs principales plaintes en l'inobseruation d'iceux, est sur leur admission & reception és offices dont il plaist à vostre Majesté les pourueoir & honorer; qui souuent leur est comme inaccessible par vos Cours souueraines, du moins si penible, & auec telle perte & cōsumption de tēps & de biens, que quand ils y sont receus, ils n'ont le pouuoir & le moyē de retenir leurs offices & d'y viure. En cela c'est se tromper & abuser, non moins qu'en la paix de l'an 1577. de croire que sans venir aux mains on leur peut faire forte guerre, en n'appellāt grāds, mediocres, ny petits d'eux aux Gouuernemens des Prouinces & villes, ny pres de vostre Majesté, des Princes & des Grands; & faisant au reste que mal aisément ils soient admis & receus aux Estats de iudicature ou de fināces & charges de police: Car bien que selon la sapience du monde (qui est tres-mauuaise conseillere) il y ait peu de Peres qui veuillēt laisser courre pareille risque à leurs enfans, & que par là c'est ouurir la porte à plusieurs, à se rēger à l'Eglise Catholique Apostolique & Romaine: Tant s'en faut que ce proceder lors ny depuis ait reüssi à bien ny à paix; qu'il a esté comme le fondement general de tous les troubles & guerres intestines, qui ont continué & ruyné vostre Royaume auec tant de perte de sang & de biens iusques en l'an 1598. & qui le pourroit en fin entierement subuertir, si on prenoit & suiuoit les mesmes maximes. La Religion n'est point des hommes, mais de Dieu, qui par des moyens cachez & incogneus, sçait tirer la lumiere des tenebres, le bien du mal, la vie de la mort. Il demande vn sacrifice volõtaire; luy seul esclaire, attire, semond les consciences, & les ameine par son Esprit, par les cordeaux de son humanité & entrailles de sa misericorde à la cognoissance & communion de son fils nostre Seigneur Iesus-Christ.

Sire, en la promotion des Estats, hõneurs & fonctions publiques, consiste tousiours la principale marque de bourgeoisie, du desny de laquelle naissent ordinairement des causes, subjets & moyens assez forts pour troubler les plus grands Estats & Empires, à raison de la jalousie que l'inegalité produict entre mesmes Citoyens, qui à bon droict peuuẽt dire que celuy n'est point tenu & reputé pour Citoyen qui ne participe aux honneurs de la Cité, & n'est capable d'y estre appellé. Le batteau esgalement chargé de costé & d'autre, ne peut pancher ny ça, ny là, à cause de son esgal contre-poids, au lieu que si tout est d'vn costé, & qu'il ne se trouue aucune chose pour contre-peser, il se renuerse aisément sans dessus dessous.

Le Concile de Constantinople veut que la Iustice (qui est la puissance de Dieu) soit rẽduë sans cõsideration des personnes & de la Religion; & quoy que l'Empereur Iulian s'enquiere souuent, & sans cause, de la Religion de ceux qui plaident deuant luy; la haine qu'il porte à ceux qui ne professent la sienne, ne donne iamais de contre-poids à la Iustice.

Sire, la fin de toute police Ciuile, est la Iustice qui va au bien & vtilité publique, par la distribution qui ce fait à vn chacun par proportion de ce qui luy appartient; Si on y apporte inegalité, c'est vne injustice manifeste, semer & mettre dissention entre les peuples, empescher en effect que la paix publique ne se maintienne, & que la Iustice ne se puisse cõseruer. La concorde entre les hommes ne s'entretient & perpetuë que par ceste analogique proportion. Ce droict égal a ordonné toutes choses qui sont au Ciel & en la terre: les iours & les nuicts és equinoxes sont mesurez par espaces égaux & proportiõnez, ainsi les mouuemens, cours & décours de la Lune: ainsi les quatre saisons de l'année sont parties en autant de Mois les vnes que les autres; Dieu mesme par sa Loy, veut & ordonne que chacun souffre peines égales aux forfaicts qu'il a commis, pour nous enseigner que tout ce qui se fait de mal icy bas procede d'inégalité.

Estans les vns & les autres esgalement vos subiects par la naissance, il est raisonnable qu'ils iouyssent de pareille grace: Les Serfs naïs en la maison des Hebrieux, ou achetez, doiuent estre circoncis aussi bien que leurs enfans, la grace, le sceau de la circoncision ne leur appartient pas moins; Ioignez que Dieu qui a enclos dans l'Arche les bestes immondes auec les nettes, a tellement pourueu par là à la societé de la vie humaine, que la diuersité d'opinions (mesme au faict de la Religion) ne peut & doit troubler ceste concorde Ciuile & Politique. Il commande vn mesme droict aux foibles & malades qu'aux sains & vigoureux, & dõne à vn chacun sans difference vn Homer de la Mãne qui tombe du Ciel. Le rauissement est suruenu, & vn vaisseau comme vn linceul lié par les quatre bouts descendu des Cieux, où se sont trouuez toutes sortes d'animaux terrestres à quatre pieds, de bestes sauuages, de reptiles & oiseaux qu'il a tous purifiez. Il a faict participante la branche sauuage de la racine &

de la graiſſe de l'oliuier, appellé les Gentils cõme les Iuifs; Et pour monſtrer ſon ire, & donner à cognoiſtre ſa miſericorde, toleré les vaiſſeaux appareillez à perdition, & fait que ceux qui ne pourchaſſoiẽt point la Iuſtice, ont atteint la Iuſtice, voire la Iuſtice qui eſt par la Foy.

D'autre part (SIRE) ſi entre les plus regenerez & vrais enfans de Dieu, il n'y en a aucun qui ne ſente en ſoy la premiere de toutes les contrarietez, Chriſt & Belial, vn vieil hõme enclin à tout mal, & vn nouuel homme engendré à bonnes œuures, qui tantoſt s'adonne à l'eſprit & en vn moment ſe laiſſe emporter à la chair; & que neantmoins ceſte repugnance en vn meſme ſujet, n'empeſche point que l'ame diuiſée & tiracée de partiſãs s'y oppoſez, ne s'ayme en toutes ſes facultez, & ne ſe baſtiſſe vn repos au milieu de ce combat perpetuel, & malgré ſes agitations ne ſe rende au port de ſon ſalut: Dira-on en verité, ſi elle compatit ainſi auec ſoy-meſme, qu'elle ne le puiſſe faire auec ſon prochain, qui ne luy eſt point ſi contraire, ains luy eſt conjoinct de pluſieurs liens de charité, & lequel elle ne peut hayr ſans offencer Dieu, & ſe mettre au hazard de ſa propre ruïne.

Et bien que la nature des contraires ſoit de s'entre deſtruire; ſi eſt ce qu'és plus grandes

choſes

choſes comme és moindres, d'eux ſe peuuẽt renger enſemble par la vertu qui leur eſt ſuperieure. Les Elemẽs qui naturellemẽt s'ẽtreteignẽt & entredeſtruisẽt; s'ẽbraſſẽt l'vn l'autre au tout & en chacune partie ; la mer circuit la terre; & les deux ſont enueloppez de l'air, & l'air d'vne nature Etherée vuide ſes pluyes ſur la terre, qui puis apres retõbent en la mer; Ils ſe ployẽt l'vn dãs l'autre, tãt que de leurs cõtrarietez ſe voit vne belle vniformité. Ils ne font point bãde à part, & n'ont aucune guerre & contention entr'eux, parce qu'ils n'ont qu'vn meſme facteur & dominateur: Vous pouuez, Sire, apporter le meſme temperamment à vos peuples, eſtant cõme vous eſtes, leur Roy & ſouuerain Seigneur icy-bas.

S'il eſt queſtion de recourir aux exemples (comme il ſemble à propos & expediẽt en fait d'Eſtat & de Police.) En la Republique Iudaïque, modelle & patron de toutes les autres, on voit les Phariſiens & Saducẽes, nonobſtãt leurs opiniõs cõtraires aux principaux articles de Foy, aſſis en vn meſme Synedrium, sãs que ceſte diuerſité ait iamais peu ou point troublé leur Eſtat. Ce grãd Senat Romain, depuis Cõſtantin le Grand iuſques à Theodoſe, ſe trouue bigarré de Chreſtiens & Payens, ſacrifians en meſme Palais, ſous meſme toict, les vns aux Idoles, & les autres au Dieu viuant, & tous cependant ſeruans leur Prince & la Patrie en tres grande concorde & vnion. Sous Theodoric Roy d'Italie, il y a des chambres my-parties en nombre égal de Gots & de Romains (ie dis d'Arriens & d'Orthodoxes) au veu, ſçeu, preſence, conſentement & approbation de plusieurs Papes, qui ne font point de honte à leurs ſucceſſeurs.

Honorius & Arcadius Empereurs, qui par conſtititutions priuent de toutes dignitez ceux qui font profeſſion du Paganiſme, ne laiſſent de deſigner Conſul vn Frajutius, qui le premier rompt en bataille Caius, encores qu'il retienne du tout la ſuperſtition, & d'appeller à leur Cour Generardus (Barbare comme l'autre) mais d'ailleurs perſonnage de valeur & reputation.

Sire, parmy vos ſubjects de la Religion, il y a eu & reſtent, non-ſeulement des gens capables & entendus, qui ont tres-dignemẽt ſeruy les deffuncts Rois vos predeceſſeurs & voſtre Maieſté, & qui meritẽt & peuuẽt meriter du public: Mais de plus, les diſputes & controuerſes pour leur Religion contre les Catholiques, ſont beaucoup moindres que celles que i'ay touchées cy-deſſus: & faut eſperer de la bonté de Dieu, *ſous voſtre bon auspice*, qu'en ses misericordes il nous vnira de sorte, qu'vn iour il n'y aura en tous qu'vn mesme sentiment, soit sur les ceremonies de l'Eglise, ou les bonnes œuures, que generallemẽt sur tous les poincts de la Foy. Et qu'en l'attente de ceste faueur & grace, puis que par le moyen de vos Edicts, il n'y doit plus rien auoir de separé des vns & des autres, en ce qui concerne la promotion des charges, que tous ensemble guidez sous mesme authorité, se porteront à l'enuy, à qui mieux mieux, à la prompte, fidelle & volontaire obeïssance, loyauté & seruice qu'ils doiuent rendre à Dieu & à vostre Majesté; qui aussi de sa part continuera de n'auoir pour loy souueraine, que le salut & la paix de son peuple.

Sire, le desir de la moyẽner est vne affection Diuine; & qui la conseille & la donne, en appaisant les troubles, guerres & dissentions des peuples, faict acte de personne aimée de la Diuinité, & à ioye perpetuelle en son cœur.

Quand Iesus-Christ part de la terre pour aller au Ciel, il ne dit pas à ses Disciples qu'il leur dõne & laisse la guerre, mais sa paix; Biẽheureux derechef sont ceux qui l'annoncẽt & la procurent, le Dieu de Paix les appelle ses enfans, & leur fruict, & œuure de Iustice est repos & seureté à tousiours, car le fruict de Iustice se seme en paix; Ainsi, Sire, retranchez cét Hydre & monstre de guerre Ciuile en sa naissance, & s'il y a quelque vertu, Iustice & loüange en la paix, pensez à ces choses, & les faites, afin que la dilection de Dieu soit sur vous à tousiours : Telle est la priere & les vœux que ie fais continuellemẽt pour vostre Majesté, & qu'il vous donne en Iustice le desir de vostre cœur, adjouste années sur années, & qu'auec vne heureuse & Royale prosperité, il vous preuienne de benedictiõs & de biens, & rende vostre gloire grande & inefable par son salut, Qu'ainsi il soit vostre prix & celuy de tous vos subjects en la paix, comme il est la force & la vertu en la guerre, de tous les Rois, Princes & Peuples amateurs de sa paix: & que destournãt pour tout iamais toutes guerres de vostre Royaume & de ses limites, il le comble de l'heur & felicité que luy desire, & à vostre MAIESTÉ,

SIRE,

Vostre tres-humble, trés-obeissant, & tres fidele subiect & seruiteur.

CHARLES CHAPVZEAV.

www.ingramcontent.com/pod-product-compliance
Ingram Content Group UK Ltd.
Pitfield, Milton Keynes, MK11 3LW, UK
UKHW021200220726
13924UKWH00003B/1236

9 782019 693374